# UN POULAIN EN DANGER

## BIOGRAPHIE

Bonnie Bryant est née et a grandi à New York, où elle vit toujours aujourd'hui et ses deux enfants. Elle est l'auteur de nombreux romans pour la jeunesse mais aussi de novélisations de scénarios de films comme *Chérie, j'ai rétréci les gosses*. La série Grand Galop est née de la passion de Bonnie Bryant pour les chevaux. Cavalière expérimentée, elle dit néanmoins que les héroïnes du Grand Galop, Lisa, Steph et Carole sont de bien meilleures cavalières qu'elle.

### Avis aux lecteurs

**Vous êtes nombreux à nous écrire
et nous vous en remercions.
Pour être sûrs que votre courrier arrive,
adressez votre correspondance à :**

Bayard Éditions Jeunesse
Série Grand Galop
3/5, rue Bayard
75008 Paris

ADAPTATION
PIERRE CHAVOT

GRAND GALOP

# UN POULAIN EN DANGER

BONNIE BRYANT

TRADUIT DE L'AMÉRICAIN
PAR YANNICK SURCOUF

DIXIÈME ÉDITION
BAYARD JEUNESSE

Titre Original
SADDLE CLUB n° 11
*Horse Wise*


Loi n°49-956 du 16 juillet 1949
sur les publications destinées à la jeunesse
Dépôt légal janvier 2001

ISBN : 978-2-7470-0321-6

## Avertissement

Que tu montes déjà à cheval ou que tu en rêves,
que tu aimes le saut d'obstacle, la randonnée
ou la vie des écuries,
la série **Grand Galop** est pour toi.
Viens partager avec Carole, Steph et Lisa,
les secrets de leur centre équestre préféré.

# Le Club du Grand Galop

**Carole, Steph et Lisa**
sont les meilleures amies du monde.
Elles partagent le même amour des chevaux
et pratiquent leur sport favori au centre équestre
du Pin creux. C'est presque leur unique sujet
de conversation. À tel point qu'elles ont créé
en secret le Club du Grand Galop.
Deux règles à respecter pour en faire partie :
être fou d'équitation
et s'entraider coûte que coûte.

# 1

Carole Hanson défit les rênes et les suspendit au crochet près du box. Elle entreprit ensuite d'ôter la selle en chantonnant doucement. Son cheval se laissait faire, docile, et Carole lui flatta l'encolure.

Soudain, il lui sembla entendre gargouiller le ventre de Diablo. Elle s'immobilisa, inquiète. Était-il malade ?

La jeune fille colla l'oreille contre le flanc de l'animal et écouta attentivement. Non, rien...

– Oh, quel tendre spectacle ! railla une voix dans son dos.

Carole se redressa, rouge de confusion. Évidemment, c'était cette snob de Veronica Angelo ! Celle-là, elle se montrait toujours plus préoccupée par ses tenues que par la santé de sa monture.

– J'ai cru entendre un gargouillis, lui expliqua Carole. J'ai craint une crise de colique, on ne rigole pas avec ça, et…

– Ce n'est pas ton cheval qui gargouille, c'est Steph qui râle, l'interrompit Veronica avant de s'éloigner vers les vestiaires.

Carole jeta un coup d'œil par-dessus la porte du box. Dehors, Steph curait les pieds de Comanche. Elle pestait toute seule, sans se douter qu'on l'observait.

– Oh, j'en ai marre, marre… !

– Tu as un problème avec Comanche ? demanda Carole.

Steph se retourna et lui décocha un large sourire :

– Oh non ! J'ai un problème avec l'école ! Le trimestre est à peine commencé, et on a déjà une tonne de devoirs à rendre. Si je n'ai pas de bonnes notes, Max ne me laissera pas monter. Tu sais comment il est : « L'amour des chevaux ne doit pas vous faire oublier vos études, et ta ta ti, et ta ta ta… »

Elle se redressa en soupirant :

– Si seulement on apprenait l'équitation en classe, je serais sûre d'être bonne élève !

La voix malicieuse de Lisa lança depuis le box de Flamme :

– On parle de moi ?

Steph et Carole éclatèrent de rire.

Quand elle en eut terminé avec les pieds de Comanche, Steph le prit par la bride pour le ramener dans son box.

– On a étudié un truc, en sciences, continua-t-elle. Ça s'appelle l'osmose. Je n'y ai rien compris.

– C'est l'échange qui s'établit entre deux liquides à travers une membrane poreuse, expliqua Lisa avec sérieux.

– Alors, si je place le livre de sciences sous mon oreiller, les connaissances passeront dans mon cerveau quand je dors ?

– Oui, si ton crâne est poreux ! rigola Lisa.
– Hé ! La reine des blagues, ici, c'est moi ! protesta Steph d'un air faussement indigné.
Ça, Steph était meilleure en blagues qu'en maths, sciences, ou toute autre matière scolaire ! Carole redoutait le jour où Max interdirait à son amie l'accès du centre équestre pour mauvais résultats scolaires. Ce serait la pire des punitions. Encore un défi à relever pour le Club du Grand Galop !
Carole suggéra :
– Que dirais-tu d'une réunion quand nous aurons fini ?
– Bonne idée, approuva Steph. Mais Lisa ? Elle n'a pas un cours de piano ?
– Lisa ! appela Carole. Tu as cours aujourd'hui ?
– Non, c'est mercredi !
– On peut réunir le Club, alors ?
– Super ! s'exclama Lisa. Rendez-vous chez Sweetie dans une demi-heure. Enfin, si je ne mets pas trois heures à défaire cette sangle !
Carole se précipita :

– Le Club du Grand Galop à la rescousse !
Et elle manqua de renverser Veronica qui s'en allait.
– Le Club du Grand Galop, fit celle-ci en haussant un sourcil. Voyez-vous ça !
Prise de court, Carole ne sut quoi répliquer. Cette peste n'avait pas à se mêler de leurs affaires !
Comme Veronica s'éloignait, un petit sourire ironique lui retroussant la lèvre, Steph trouva la parade.
– Oh ! fit-elle, en s'approchant d'elle, l'air de rien. Tu as un bouton sur le nez.
Veronica porta la main à son visage et fonça aussitôt à la recherche d'un miroir.
– Bien joué ! apprécia Carole.
– Trop facile ! répliqua Steph, assez contente d'elle malgré tout.

– Steph, tu peux compter sur moi pour ton devoir de sciences, assura Lisa dès que les trois filles furent attablées chez Sweetie. À présent, passons au sujet suivant.
À la fin de la leçon, Max leur avait remis

une convocation à une réunion pour le mardi suivant, en précisant que les parents devaient être présents.
– D'accord, approuva Steph. Qu'est-ce que ça veut dire, cette réunion ? J'espère que Max ne va pas nous apprendre une mauvaise nouvelle.
– C'est peut-être une bonne nouvelle, au contraire, suggéra Carole, qui affichait un optimisme à tout crin dès qu'il s'agissait d'équitation.
– Dans ce cas, pourquoi convoquer les parents ? intervint Steph.
– Max a peut-être modifié les emplois du temps, hasarda Lisa.
– Pas besoin d'une réunion pour cela, répondit Steph. Non, je suis sûre que c'est plus grave.
– Comment ça, plus grave ? s'inquiéta Carole.
Steph haussa les épaules :
– Je ne sais pas, moi. Max part s'installer au Canada, ou bien il se reconvertit dans les assurances…

– Tais-toi, dit Carole en roulant des yeux affolés. Tu me fais peur !

L'arrivée de la serveuse les tira de leurs sombres pensées.

– Banana split avec beurre de cacahuète, chocolat chaud et coulis de myrtille ! annonça-t-elle en posant une coupe débordante devant Steph.

Celle-ci était la spécialiste des mélanges bizarres. La serveuse commençait à bien la connaître.

Les filles dégustèrent leurs glaces en silence.

L'entrée de Veronica, accompagnée de sa cour habituelle, n'améliora pas leur humeur.

– Encore ensemble ? fit-elle d'une voix faussement étonnée. Mais vous êtes inséparables ! C'est vrai que vous avez fondé une sorte de club…

– Qu'est-ce que tu veux, Veronica ? maugréa Carole.

– Oh ! rien… Je voulais juste vous apprendre une bonne nouvelle.

– On trépigne d'impatience, railla Steph.

– Et vous allez bientôt trépigner d'envie,

continua Veronica. Mon nouveau cheval arrive lundi.
« Un nouveau cheval ! Pourvu qu'elle le traite mieux que le pauvre Typhon ! » ne put s'empêcher de penser Carole.
Feignant l'indifférence, elle demanda :
– Il est comment ?
– C'est une pouliche arabe. Elle s'appelle Tornade. Vous verrez, elle est superbe !
Sur ces mots, elle toisa les trois amies et s'éloigna, suivie de ses admirateurs.
– J'aimerais surtout voir comment elle s'en occupera, siffla Steph entre ses dents.
– C'est incroyable ! s'exclama Lisa. Son premier cheval est mort par sa faute*. Comment a-t-elle fait pour en obtenir un autre ?
– Facile, répliqua Steph. Elle a dit : « Je veux ! » Et papa Angelo a sorti son carnet de chèques !
Carole plongea rageusement sa cuiller dans sa crème glacée. Elle avait adoré Typhon, le précédent cheval de Veronica. C'était un

---

*Lire *Un cheval pour pleurer*, n° 607 de la série Grand Galop.

étalon magnifique à la robe noire comme la nuit. Carole s'en occupait souvent et, en échange, Veronica la laissait parfois le monter. Mais Typhon était mort. En souvenir de lui, il ne restait plus que le poulain King, dont la mère était Délilah.

– Je croyais qu'elle ne voulait plus de cheval à elle, après ce qui s'était passé, commenta Carole.

– Mademoiselle change d'avis aussi souvent que de tenue, bougonna Steph.

– Vous croyez que la convocation de Max a quelque chose à voir avec le nouveau cheval de Veronica ? demanda Lisa.

– J'espère que non ! répliqua Carole. Mais tu fais bien d'en reparler. Vous avez d'autres idées ?

– Max a peut-être vendu le Pin creux à des promoteurs pour en faire un centre commercial, suggéra Steph.

– Tu es folle ! s'alarma Carole, manquant de s'étouffer avec sa glace.

– Je rigole, la rassura Steph.

Carole perdait tout sens de l'humour dès qu'il s'agissait du Pin creux.

– J’y pense tout à coup, reprit Lisa. Max avait le sourire quand il a distribué les convocations. À mon avis, on s’inquiète pour rien. Vous vous souvenez quand on a cru qu’il avait des ennuis d’argent* ?
– Là, on avait tout faux ! admit Steph.
– Il veut peut-être agrandir les écuries, suggéra Carole. Ou organiser un concours.
– Ou alors, il a décidé de virer Veronica, fit Steph, pince-sans-rire.
– Ça, ce serait la meilleure nouvelle de l’année ! conclut Carole.

---

*Lire *Il faut sauver le Club !*, n° 602 de la série Grand Galop.

# 2

– Tu peux compter sur nous, ma chérie, dit Mme Atwood à sa fille au cours du dîner.

– Vraiment ? s'étonna Lisa.

Ses parents n'avaient jamais porté beaucoup d'intérêt à l'équitation. Ce changement d'attitude la surprit.

– Nous irons, confirma son père. Mardi, dix-neuf heures trente.

Ses parents échangèrent un regard complice. Lisa plongea le nez dans son assiette. Ce soudain empressement à se rendre au Pin creux lui semblait très étrange.

– J'ai rencontré Mme Angelo l'autre jour, annonça sa mère. Tu sais que Veronica va avoir un nouveau cheval ?

– Oui, elle nous l'a dit.

– Sa mère pense que ça fera beaucoup de bien à Veronica de s'en occuper…

– Au cheval aussi, railla Lisa.

– Sûrement, répondit Mme Atwood sans relever l'ironie.

Décidément, les choses n'étaient pas comme d'habitude.

Chez Steph, en revanche, le dîner était plutôt animé, comme d'habitude. Tout le monde parlait en même temps.

– Il va y avoir une réunion…, commença Steph.

– Passe-moi le pain, l'interrompit Sam.

– Quelle réunion ? demanda Mme Lake.

– C'est au Pin creux, reprit Steph.

– Alors, passe-moi le pain creux, plaisanta Sam.

Ce n'était pas facile de vivre avec trois frères. Il fallait s'imposer.

– Je disais qu'il y aura une réunion au Pin creux mardi prochain après la leçon, annonça Steph en haussant la voix.

– Tu pourras y aller si tu as fait tes devoirs, déclara sa mère.

– Je sais, mais toi, maman ? Tu pourras venir ?

– Moi ? Je suis censée y aller ?

– Et papa aussi, ajouta Steph en levant les yeux vers son père.

– Chéri, tu pourras te libérer mardi ? demanda Mme Lake à son mari.

– C'est le jour de mon match de foot, intervint Sam avant que son père réponde.

– On s'en fiche, protesta Steph. Tu n'es pas invité !

– Peut-être, mais j'aimerais que papa et maman assistent au match.

– Pour te voir marquer deux buts contre ton camp, comme la dernière fois ? railla sa sœur.

– T'occupe !

– Contre qui vous jouez ? demanda Michael, le petit frère.
– Les mêmes. Ils ont insisté pour qu'on se rencontre à nouveau.
– On les comprend, commenta M. Lake avec un petit sourire.
Toute la tablée éclata de rire, et Sam se tut, vexé.
– Mardi prochain, dis-tu ? demanda Mme Lake.
Steph hocha la tête.
– Nous y serons.
Steph poussa un soupir satisfait. Parfois, elle enviait son amie Carole. Elle, au moins, était fille unique.

– Mardi prochain ?
– Oui, papa, répondit Carole.
Carole et son père se trouvaient à la cuisine et préparaient ensemble des tacos.
– C'est le jour de mon dîner au mess des officiers, lui rappela le colonel Hanson.
– Papa, s'il te plaît !
– Et c'est à quel sujet ?

– Je n'en sais rien. Max nous a simplement remis cette convocation. Il demande que les parents assistent à la réunion.
Le colonel Hanson allait répondre quand la sonnerie du téléphone retentit. Laissant là les tacos, il alla décrocher.
– Colonel Hanson. À qui ai-je l'honneur? lança-t-il avec une rigueur toute militaire.
Carole esquissa un petit sourire. Même à la maison, son père agissait comme s'il se trouvait à la caserne.
Elle crut un instant que l'appel était pour elle. Mais comme son père semblait en grande conversation, elle entreprit de mettre le couvert.
– Je la connais, celle-là ! lança soudain le colonel. C'est un mille-pattes avec une jambe de bois !
Carole se retourna vivement :
– Ah, c'est Steph ?
Son père confirma d'un hochement de tête.
Carole leva les yeux au ciel. Dès leur première rencontre, Steph et le colonel s'étaient découvert un intérêt commun pour les

blagues nulles et, quand ils commençaient à s'en raconter, rien ne pouvait les arrêter.
Carole alluma le four, y mit les tacos et prépara la salade.

– Et comment fait-on tenir quatre éléphants dans une 2 CV ?

Il y eut un bref moment de silence.

– C'est simple : deux à l'avant et deux à l'arrière !

Cette fois, c'était trop ! Carole vint se planter devant son père, les mains sur les hanches, et gronda :

– Bon, tu me la passes ?

Son père lui abandonna le téléphone en riant.

– Salut, quoi de neuf ?

– Tu ne le croiras pas ! s'exclama Steph. Mes parents viendront à la réunion. Tous les deux ! J'ai dû batailler ferme, mais au moins j'y suis arrivée. Et ton père ?

– Je ne sais pas s'il pourra, hésita Carole. Je n'ai pas encore réussi à le convaincre.

– Écoute, si j'ai réussi avec mes parents, tu peux le faire aussi.

– Si seulement je savais la raison de cette réunion…
– Peu importe ! Débrouille-toi, il faut qu'il vienne !
– Je vais essayer, conclut Carole. Je te rappelle demain.
Et elle raccrocha, pensive.
– Que voulait Steph ? demanda son père.
Carole décida d'employer les grands moyens :
– Oh ! Elle m'annonçait que ses parents étaient ravis de se rendre à cette réunion. Ils savent à quel point c'est important pour Steph. Pourtant ce sont des gens très occupés.
Elle jeta un regard en coin à son père, guettant sa réaction.
– Et pour toi, c'est important, cette réunion ?
– Tout ce qui touche à l'équitation est important pour moi, tu le sais bien… Alors ? Tu viendras ? implora-t-elle. S'il te plaît !
Le colonel Hanson réfléchit un instant avant de proposer :

– J’ai une idée. Je t’accompagne à la réunion, et ensuite nous irons directement au mess des officiers. Qu’en dis-tu ?
– Oui, ça me convient.
Elle n’aimait guère dîner au mess. L’ambiance était toujours un peu guindée. De plus, elle devrait apporter une jupe au Pin creux pour se changer, mais cela n’avait pas d’importance. Son père serait là, et c’était tout ce qui comptait.

# 3

Lisa tentait de résoudre un problème d'algèbre quand la porte de la salle d'étude s'ouvrit. Plongée dans son travail, elle ne releva pas la tête.

– Un message pour Lisa Atwood, annonça le surveillant.

Lisa alla chercher le papier. Bizarre ! C'était la première fois qu'elle recevait un message au collège. Elle le parcourut rapidement.

« Vos parents vous attendront à la fin des

cours », disait la note. Elle était signée du conseiller d'éducation.
Lisa relut plusieurs fois le message sans parvenir à en comprendre le sens. Pourquoi viendraient-ils la chercher ? Lisa habitait à quelques rues du collège et s'y rendait toujours à pied.
Une fois, une fille de sa classe avait reçu un mot l'avertissant que sa mère était malade. Y avait-il un problème avec ses grands-parents ? Pourtant, ils étaient venus la semaine précédente et semblaient en parfaite santé. Mais, dans ce cas, ses parents auraient attendu qu'elle rentre à la maison pour lui en parler. Cela n'avait aucun sens.
Bientôt, la sonnerie l'arracha à ses pensées. Elle glissa le message dans son livre d'algèbre et se rendit au cours d'histoire.
– Lisa ? Tu as un problème ?
C'était Carole, étonnée que Lisa la croise dans le couloir sans la voir.
– Mes parents passent me chercher après les cours. Je ne sais pas pourquoi et ça me tracasse.

– Ne t'en fais pas, fit Carole. S'ils viennent tous les deux, c'est déjà qu'ils vont bien.
– Tu as raison, répondit Lisa. Je t'appelle ce soir si je peux.
Les jeunes filles se séparèrent pour rejoindre leurs classes respectives. Mais malgré les paroles apaisantes de son amie, Lisa n'arriva pas à oublier ce curieux message. Elle fit trois erreurs au contrôle d'histoire et suivit son cours de maths d'une oreille distraite, les yeux rivés à la pendule. Quand, enfin, la cloche sonna, Lisa fonça à toute allure en direction des grilles du collège.
Ses parents l'attendaient comme convenu. Ils souriaient tous les deux. Que se passait-il donc ?
– Oh, chérie ! lança sa mère. Nous avons une merveilleuse nouvelle pour toi. Nous voulions te faire la surprise.
M. Atwood ouvrit la portière arrière de la voiture, et Lisa se glissa prestement sur la banquette.
– Une surprise ? Qu'est-ce que c'est ? J'étais

morte d'inquiétude quand j'ai reçu votre mot !
– On s'en doutait un peu, fit sa mère, amusée. C'était une blague.
Une blague ? Ses parents avaient un curieux sens de l'humour.
– Alors ? reprit sa mère. Tu ne devines pas ? Eh bien, ton père et moi avons décidé de t'offrir un cheval. Quand j'ai su que Veronica allait en avoir un nouveau, je me suis dit qu'il serait bien que tu en aies un, toi aussi. J'en ai parlé à Mme Angelo, qui m'a donné l'adresse d'un propriétaire.
Pendant un instant, Lisa crut avoir mal entendu. Ses parents allaient lui acheter un cheval ?
La jeune fille remarqua à peine que la voiture roulait. Elle était sur un petit nuage. Un cheval ! Elle allait avoir son cheval ! Dans ses rêves, c'était un superbe étalon gris. Elle l'appelait, et il arrivait au galop. Elle sautait sur son dos, et ils partaient tous les deux à travers champs. Lisa pouvait presque sentir le souffle du vent sur son visage. Elle poussa un profond soupir.

– Quelque chose ne va pas, chérie ? s'inquiéta sa mère.

– Oh non, tout va très bien, au contraire ! C'est trop génial ! Dis-moi comment il est.

– C'est une jument grise qui s'appelle Pâquerette. Elle a vécu toute sa vie dans la ferme où nous allons. C'est une bête très douce, à ce que m'a dit sa propriétaire.

Lisa savait par expérience que les chevaux peuvent être dociles avec certaines personnes et totalement incontrôlables avec d'autres. Elle préféra attendre d'avoir vu la jument pour se faire une opinion.

Bientôt, la voiture quitta la route et s'engagea dans un chemin de terre. À peine était-elle arrêtée que Lisa en sortit d'un bond. Elle trépignait d'impatience pendant que ses parents discutaient avec Mme Brandon, la propriétaire. Quand enfin celle-ci les pria de la suivre en direction du pré, Lisa sentit son cœur battre à grands coups. Elle parcourut l'étendue herbeuse d'un regard fébrile.

Rien. Pas le moindre cheval à l'horizon.

– Elle aime bien se promener près du ruisseau, au fond du pré. Vous m'accompagnez ? demanda la propriétaire.

Mme Atwood considéra le terrain boueux d'un air perplexe. Elle était en chaussures de ville. Les parents de Lisa décidèrent d'attendre sur place. Mme Brandon et Lisa s'engagèrent sur le pré.

– Tu verras, c'est une jument très gentille, dit la propriétaire.

Lisa ne sut quoi penser. La gentillesse était-elle l'unique qualité de cet animal ?

Quand elles atteignirent le ruisseau, Lisa l'aperçut enfin. C'était une jument grise à la robe blanchie par les années. La jeune fille resta à distance pour mieux l'observer tandis que la propriétaire s'approchait de Pâquerette. Elle lui mit la bride, et la jument la suivit docilement.

– C'est la monture idéale pour un cavalier débutant, annonça Mme Brandon. Elle est très douce.

– Je peux l'essayer ?

– Bien sûr, sa selle est dans la grange.

– Je préférerais la monter à cru si ça ne vous ennuie pas.
Mme Brandon haussa les épaules :
– Comme tu veux…
Elle mit ses mains en étrier pour aider Lisa à se hisser sur le dos de la jument. Mais la jeune fille se dit que, si elle l'avait empoignée par la crinière, Pâquerette n'aurait pas protesté pour autant. C'était bien là le problème. Cette jument semblait un peu trop docile.
Lisa talonna les flancs de l'animal, qui se mit à marcher doucement. Elle tenta de la mettre au trot et dut s'y reprendre à dix fois avant qu'elle obéisse enfin. Hélas ! cela fut de courte durée et Pâquerette reprit bientôt son pas tranquille. Lisa n'aurait pas aimé une bête rétive et capricieuse, mais elle voulait que son cheval eût au moins un peu de caractère.
– Les enfants des voisins ont l'habitude de la monter, déclara la propriétaire. Pâquerette ne ferait pas de mal à une mouche. Tout le monde est en sécurité avec elle.

– Ça, je n'en doute pas.
Mme Brandon parut satisfaite de cette réponse.
– Les enfants l'adorent, reprit-elle. Et toi ?
Lisa se contenta de hocher la tête. Oui, elle aimait bien Pâquerette. C'était une brave bête. Seulement, elle n'en voulait pas. Comment l'annoncer à ses parents sans les heurter ?
Elles regagnèrent bientôt la barrière du pré.
– Alors, ma chérie ? Elle te plaît ? demanda sa mère.
– Elle est très gentille, répondit la jeune fille, un peu embarrassée.
– Lisa aime bien Pâquerette, déclara alors Mme Brandon. Mais ce n'est pas une jument pour elle.
– Comment ça ? s'étonna M. Atwood.
La propriétaire aida Lisa à mettre pied à terre et attacha Pâquerette à la barrière.
– Votre fille est déjà bonne cavalière et elle va encore faire des progrès, expliqua-t-elle. Pâquerette est idéale pour des débutants. Lisa s'en lasserait très vite. Elle a besoin d'un

cheval qui progresse en même temps qu'elle.
Lisa, soulagée, flatta l'encolure de la jument.
– Qu'en dis-tu, ma chérie ? demanda Mme Atwood.
– Je suis entièrement d'accord.
Tandis que sa mère raclait la boue de ses chaussures, la jeune fille obtint de la propriétaire quelques adresses d'éleveurs susceptibles d'offrir des chevaux qui pourraient mieux lui convenir.
– Bonne chance ! lança Mme Brandon tandis que la voiture s'éloignait.
Lisa se retourna pour adresser un dernier salut à Pâquerette, qui regagnait paisiblement son coin de pré favori.

# 4

De retour à la maison, Lisa fonça sur le téléphone. Elle devait absolument annoncer l'incroyable nouvelle à ses amies. Elle composa le numéro de Steph.

Occupé. La ligne de Steph sonnait toujours occupé. Ses parents, lassés de la voir sans cesse pendue au téléphone, avaient fait installer une seconde ligne pour elle et ses frères, mais ça n'avait rien arrangé. Lisa songea un instant à appeler sur la ligne de ses parents, mais elle se ravisa.

À la place, elle composa le numéro de Carole. La sonnerie retentit quatre fois avant que la jeune fille décroche. Elle semblait hors d'haleine.
– Salut, Carole, c'est Lisa. Tu as couru ?
– Oui, un peu. J'arrive juste du Pin creux et j'étais devant la porte quand j'ai entendu le téléphone sonner. Mais tu tombes bien, il fallait absolument que je te parle !
Lisa comprit qu'elle devrait attendre avant d'annoncer sa bonne nouvelle.
– Que se passe-t-il ?
– C'est Veronica, sa jument est arrivée. Si tu la voyais, elle est magnifique ! Mais…
– Mais quoi ?
–… elle l'a sortie du van en la tirant par la tête ! Tu imagines ? Tout le monde sait qu'il ne faut surtout pas faire ça ! Tout le monde sauf Mademoiselle. On se demande pourquoi ses parents lui ont offert un si beau cheval. Après ce qui est arrivé à Typhon !
– Tu le sais aussi bien que moi, répondit Lisa. Ils sont riches.

– En tout cas, Tornade était à peine dans la cour que Veronica cherchait déjà quelqu'un pour s'occuper d'elle. Cette fille ne comprend rien ! Un cheval, c'est une responsabilité, il faut en prendre soin. Elle n'est même pas fichue d'aller chercher un baquet d'eau. Et tu aurais vu le cirque qu'elle a fait à cause d'une couverture !

Lisa apprit alors que Mme Reg, la mère de Max, avait voulu couvrir le pur-sang, car le temps avait un peu fraîchi. Veronica avait repoussé la couverture sous prétexte qu'elle n'aimait pas la couleur.

« Ben voyons… », songea Lisa.

Veronica n'avait tiré aucune leçon de la mort de Typhon. Elle continuait à se comporter en enfant gâtée.

Carole semblait très remontée et Lisa se sentit soudain inquiète. Elle-même n'était encore qu'une cavalière débutante, après tout. Saurait-elle vraiment s'occuper d'un cheval ? Ses amies l'aideraient, bien sûr, mais…

Pendant ce temps, Carole continuait de pester à l'autre bout du fil.

– Et devine qui a pansé Tornade ? Moi, bien sûr. Et après que j'avais fait tout le travail, les parents de Veronica sont venus admirer leur acquisition. Je n'ai même pas eu droit à un merci ! Ils sont bien comme leur fille… À propos, tu ne m'as pas dit ce que voulaient les tiens.

– Mes parents ? reprit Lisa, qui cherchait à gagner du temps.

– Oui, le mot que tu as reçu à l'école. C'était pourquoi, alors ?

– Oh, rien du tout, mentit Lisa. Ils allaient faire des courses et ils voulaient que je les accompagne.

– Tu vois, dit Carole. J'étais sûre que ce n'était pas grave. Je dois te quitter, il faut que je fasse une liste pour Veronica. Tornade doit avoir son propre matériel de pansage et, si je ne m'en occupe pas, la pauvre bête pourra toujours attendre. Salut, on se voit demain au Pin creux. Au fait, tu as de nouvelles idées à propos de la réunion ?

– On verra ça demain… Salut !

Lisa raccrocha. Elle se sentait un peu cou-

pable d'avoir caché la vérité à son amie. Avait-elle eu raison ? Il lui fallait l'avis de Steph. Elle avait toujours réponse à tout. Elle saurait la conseiller.
Lisa décida de passer chez son amie après dîner. Elle avait promis à Steph de mettre au point un travail de sciences. De cette manière, elles pourraient discuter en toute tranquillité.

Lisa jeta un regard effaré sur l'incroyable fouillis qui encombrait le bureau de Steph. Il y avait là des pots à moitié remplis de terreau et des graines éparpillées. Le tout était censé former le fameux projet de sciences.
– Il faut procéder avec méthode, déclara Lisa. Ton but est de démontrer que la lumière et l'humidité sont indispensables à la germination. Donc, un pot va recevoir de l'eau et de la lumière, le deuxième, de la lumière mais pas d'eau. Le troisième, de l'eau mais pas de lumière, et le quatrième, ni lumière ni eau. Et voilà, c'est terminé.
– C'est tout ? s'étonna Steph.

– Oui. Au bout d'une dizaine de jours, grande surprise, tu constateras que les graines ont à la fois besoin d'eau et de lumière ! N'oublie pas d'étiqueter correctement tes pots, et le tour sera joué.
– Merci, fit Steph en rougissant. Ça a l'air tellement simple avec toi ! Toute seule, j'aurais perdu un temps fou. Au fait, Carole t'a appelée ? Elle était sur les nerfs, avec l'arrivée de Tornade !
– Oui. Justement, je voulais te dire…
– Tu aurais dû être là ! C'était du grand Veronica ! Évidemment, Mademoiselle n'a pas daigné lever le petit doigt, et devine qui s'est occupé de tout ? Carole, comme toujours. Le pire dans l'histoire, c'est que les parents de Veronica étaient là et qu'ils n'ont même pas remarqué que leur fille est une incapable !
Tout en parlant, Steph remplissait ses pots de terreau.
– Bref, poursuivit-elle en semant ses graines de radis, c'est Carole qui a pansé Tornade et, moi, je suis allée remplir sa

mangeoire. Pendant ce temps, Veronica surveillait les opérations comme si nous étions ses palefreniers. Franchement, cette fille ne mérite pas de posséder un cheval. C'est trop injuste !

Steph étiquetait ses pots quand elle se rendit compte soudain que Lisa était étrangement silencieuse.

– Quelque chose ne va pas ?

– Oh non, fit Lisa en détournant les yeux. Je... je regrette seulement de n'avoir pas été là pour admirer Tornade. Carole dit qu'elle est superbe.

– Je confirme ! Mais ne t'inquiète pas, plaisanta Steph. Tu auras beaucoup d'occasions de voir Tornade, de panser Tornade, de nourrir Tornade. Par contre, pour la monter, ce sera une autre histoire !

Steph prit deux des pots et se dirigea vers son placard :

– Tu peux m'aider à faire de la place pour les pots qui doivent rester dans le noir ?

Cette nuit-là, Lisa eut du mal à s'endormir. Elle ne savait plus quoi faire. Elle n'avait pas osé annoncer la nouvelle à ses amies. Pourtant, elle ne pourrait pas leur cacher longtemps la vérité. Quand le cheval arriverait au club, Steph et Carole seraient furieuses qu'elle ne leur ait rien dit. Elles n'avaient cessé de répéter que Veronica ne méritait pas d'avoir un cheval. À présent, Lisa n'était plus du tout sûre de mériter elle-même une pareille chance.

# 5

Carole n'arrivait pas à se concentrer sur la leçon d'équitation qui se déroulait au manège. Elle regardait sans cesse en direction de la porte. Son père allait arriver d'une minute à l'autre, et elle ignorait toujours le pourquoi de la mystérieuse réunion.

– Maintenant, quittez les étriers, et au galop ! lança Max d'une voix forte.

Carole suivit les instructions automatiquement, sans pouvoir s'empêcher de surveiller la porte.

– On regarde devant soi ! gronda Max.

Il n'eut pas à le redire, car, au même instant, le colonel Hanson fit son entrée. Carole lui décocha un large sourire et put enfin accorder toute son attention à la reprise.

D'autres parents arrivèrent et vinrent s'asseoir sur les gradins entourant la piste. Dans les minutes qui suivirent, ce fut la confusion la plus totale. Les parents saluaient les cavaliers, qui leur renvoyaient leur bonjour. Max préféra écourter la leçon.

– C'est tout pour aujourd'hui. Occupez-vous de vos montures. Je vous retrouve après, pour la réunion.

Le colonel Hanson alla rejoindre sa fille alors qu'elle promenait doucement Diablo autour du manège en le tenant par la bride.

– Pourquoi fais-tu ça ? demanda-t-il.

– Si on ne détend pas un cheval après un travail, il risque d'avoir des crampes ou des problèmes digestifs.

– Ah bon, fit simplement le colonel.

Son père continua de lui poser des questions pendant qu'elle s'occupait de Diablo. Carole n'en revenait pas. L'équitation était son principal sujet de conversation et il lui avait toujours semblé que son père l'écoutait avec intérêt. Comment se faisait-il qu'il en savait si peu ?

Les élèves ayant pansé et nourri leurs montures, la réunion put enfin commencer dans la maison de Max.
– Voilà, fit-il, je vous ai demandé de venir ce soir pour vous annoncer une grande nouvelle. J'ai enfin obtenu l'affiliation du Pin creux à la Fédération d'équitation. Nous sommes désormais un club agréé.
Carole ne put retenir un cri de surprise et Max lui adressa un clin d'œil complice.
– Seulement, reprit-il, je ne pourrai pas assurer seul l'encadrement de ce nouveau club, qui se réunira tous les week-ends. Il me faut pour cela l'aide de cinq familles. C'est un gros effort, je le sais. Quelqu'un a-t-il déjà fréquenté un club affilié ?

Carole leva la main. Son père l'avait inscrite quand elle était plus jeune et qu'ils vivaient sur une base navale en Californie.

– Ce qu'il y a de bien, dans un tel club, c'est qu'on n'apprend pas seulement à monter à cheval, expliqua Carole. On a aussi des cours théoriques et on passe des examens. Mais on a beau être le meilleur cavalier, si on ne sait pas préparer une litière, on reste avec les débutants.

Elle eut un petit regard en direction de Veronica. Mademoiselle Je-ne-sais-rien-faire aurait beaucoup de retard à rattraper !

Max distribua à chacun le manuel de la Fédération.

– Il y a des questions ?

Un parent demanda si les élèves devaient posséder un cheval.

– Ce n'est pas nécessaire, répondit Max. D'ailleurs, bien peu d'élèves ont la chance d'avoir leur propre monture.

– Allez-vous vous charger seul de l'enseignement ? demanda un parent.

– Je ferai appel à des professionnels pour

les cours théoriques. Julie Barker, la vétérinaire, m'a déjà promis son aide. Le maréchal-ferrant ainsi que le sellier feront eux aussi des interventions. Mais l'essentiel de l'encadrement sera à la charge des parents, c'est pourquoi j'ai besoin de volontaires...

Le silence se fit dans la salle. Carole, qui était assise par terre près de Max, croisa les doigts. Il fallait que cinq mains se lèvent. Cinq bonnes volontés, et leur club existerait officiellement.

La mère d'Helen Durham fut la première à se proposer.

– Merci, fit Max.

Le père de Betty Cavana ainsi qu'une personne qu'elle ne connaissait pas se manifestèrent à leur tour. La mère d'une autre élève donna son accord. Il ne fallait plus qu'une voix. Une seule... L'attente parut interminable à Carole.

Alors, le colonel Hanson leva la main.

– Le compte est bon ! s'exclama Max. Nous avons notre club !

Carole resta bouche bée. Son père ? Mais il

n'y connaissait rien ! Il venait parfois donner un coup de main au centre, mais là, c'était différent. Max cherchait des instructeurs ! Elle se tourna lentement vers lui, et le colonel Hanson lui adressa un sourire réjoui. Carole haussa les épaules et lui rendit son sourire. Quelle importance après tout ? Le club existait et c'était le principal.

– À présent, il nous faut trouver un nom pour notre club, reprit Max. Nous pouvons garder le nom de Pin creux ou l'appeler le club de Willow Creek, mais je suis ouvert à toute suggestion.

Comme l'assemblée restait silencieuse, Max reprit :

– Nous allons faire une pause. Un buffet vous attend dans l'autre pièce. Nous voterons après.

– Et si on l'appelait le Club du Grand Galop ? fit alors une voix haut perchée.

C'était Veronica.

Les trois amies bondirent sur place. Quelle peste, celle-là !

– Pas mal, approuva Max.

Mais, remarquant l'air effaré des trois filles, il ajouta :
– Nous en reparlerons après la pause. D'ici là, il y aura peut-être de nouvelles propositions...
Tandis que les parents se dirigeaient vers le buffet, Carole, Steph et Lisa se concertèrent à l'écart.
– Il faut voter contre ! s'emporta Lisa. Le Club du Grand Galop, c'est notre nom ! Elle veut nous le voler.
– Je n'en suis pas sûre, raisonna Steph. On n'a rien voulu lui dire, alors elle se venge à sa manière.
– Peut-être, mais c'est un nom parfait pour un club. Comment pourrons-nous voter contre ? s'inquiéta Carole.
– Simple, fit Steph. Il suffit de trouver mieux.
– Facile à dire ! intervint Lisa. Carole a raison. C'est un nom parfait.
Carole réfléchit un instant.
– Je ne sais pas s'il faut vraiment changer de nom. On est habitué au Pin creux. Si on

l'appelait autrement, j'aurais l'impression de ne plus être tout à fait chez moi.

– Tu as raison, approuva Lisa. Le Pin creux doit rester ce qu'il est.

– Il n'y a plus qu'à convaincre Max, dit Steph.

– Je m'en charge, assura Carole.

Comme la réunion n'allait pas tarder à reprendre, les trois amies allèrent vite chercher un verre d'orangeade avant de regagner leurs places.

Quand Max demanda s'il y avait d'autres suggestions, Carole leva la main. Elle expliqua que le nom de Grand Galop concernait des cavaliers expérimentés et qu'elle trouvait ça un peu prétentieux. Elle se tourna alors vers Veronica, qui la fusilla du regard.

– Et puis, poursuivit-elle. Tout le monde est habitué au Pin creux. Si on changeait de nom, ça ne serait plus pareil…

– Tu as sans doute raison, dit Max. Qui vote pour le Club du Pin creux ?

Toutes les mains se levèrent. Steph soupira.

Elles avaient eu chaud.
La réunion était terminée. Comme les familles quittaient la salle, Veronica s'approcha de Carole.
– Bien joué, lui dit-elle d'une voix fielleuse. Mais je peux t'assurer que tu monteras Tornade quand les poules auront des dents !

# 6

La remarque de Veronica n'eut aucun effet. Carole était ravie. Le Pin creux était affilié à la Fédération.

– La première réunion montée aura lieu la semaine prochaine, lança-t-elle joyeusement à son père comme ils regagnaient leur voiture.

– J'ai entendu, répondit-il. Mais qu'est-ce que ça veut dire ?

– Ça veut dire que nous serons à cheval.

– Oh, fit simplement le colonel Hanson en s'asseyant au volant.
– Nous aurons aussi des cours théoriques, poursuivit Carole tandis que son père prenait la route du mess. J'ai hâte de voir le maréchal-ferrant.
– Le maréchal ? Il est dans l'armée, lui aussi ?
– Très drôle ! grommela Carole. C'est celui qui fabrique les fers et qui les cloue aux sabots.
– Ça doit faire mal, commenta le colonel.
– Mais non, répondit Carole. C'est de la corne. Le cheval ne sent rien dans cette partie du pied.
– Ah bon ? Parce qu'il y en a d'autres ?
– Oui, il y a aussi la sole et la fourchette, entre autres. C'est assez complexe.
– Je vois ça…
Le colonel Hanson se concentra sur la route et Carole resta silencieuse. Elle avait beaucoup appris depuis qu'elle fréquentait le Pin creux. Surtout avec Max. À présent, elle aurait l'occasion d'en savoir davantage avec les autres intervenants.

Mais son père ? Il ne connaissait absolument rien aux chevaux. Bien sûr, il était génial et elle adorait tout ce qu'il faisait. Mais, cette fois, elle n'était pas sûre d'apprécier son initiative. Que diraient les autres élèves en s'apercevant que son père était totalement ignorant ? Cette pensée la gêna un peu.
– Papa..., dit-elle soudain.
– Oui, chérie ?
– J'ai quelques livres sur l'équitation. Ça serait bien que tu les feuillettes, tu sais.
– Pas de problème, chérie. Et si quelque chose n'est pas clair pour moi, je suis sûr que tu sauras répondre à toutes mes questions.
Carole soupira. C'était bien ce qui l'effrayait.

Le lendemain, les parents de Lisa l'attendaient après les cours. Cette fois, ils se rendaient dans un véritable haras. Dès son arrivée, Lisa apprécia les aménagements. Les écuries, claires et spacieuses, s'ouvraient sur de vastes paddocks.

Le cheval à vendre s'appelait Voyou. L'éleveur, M. Jenrette, expliqua qu'il l'avait acquis lors d'un achat groupé, mais qu'il voulait s'en séparer parce que ce n'était pas un reproducteur.

– Vous verrez, dit-il, c'est une bête superbe. Je suis sûr que vous allez l'adorer. J'ai déjà reçu trois propositions d'achat. Vous avez la chance d'être les premiers à venir.

Il les conduisit jusqu'au paddock. Voyou était un cheval bai – poils brun rouge, crinière et queue noires. Lisa s'approcha lentement de l'enclos, et Voyou fit de même, comme s'ils se connaissaient de longue date. M. Jenrette remit à Lisa une carotte, que le cheval accepta de bon gré.

– Ce n'est pas un pur-sang, reconnut le propriétaire, mais il est issu d'une bonne lignée.

Voyant le regard interrogatif de ses parents, Lisa leur expliqua que la lignée était une garantie, mais que cela ne suffisait pas à faire un bon cheval.

– Tu as l'air de t'y connaître, apprécia M. Jenrette.

– Un peu, dit Lisa. Je lis beaucoup.

L'éleveur se tourna vers les parents de la jeune fille :

– Alors, vous le prenez ?

– Qu'en penses-tu, Lisa ? interrogea son père.

– Il me plaît bien, répondit la jeune fille. Mais j'aimerais vérifier quelques détails.

– Pourquoi ? s'étonna sa mère. S'il te plaît, c'est suffisant.

L'éleveur jeta un rapide coup d'œil sur sa montre. Il semblait bien pressé de conclure la vente.

– Je vais le voir de plus près, dit Lisa en pénétrant dans le paddock.

Elle n'était pas experte en la matière et elle aurait aimé avoir les conseils d'un professionnel. Pourquoi M. Jenrette ne l'accompagnait-il pas ?

Lisa examina le cheval du mieux qu'elle put. Ses parents la regardaient faire, un peu embarrassés. Le propriétaire consulta à nouveau sa montre, l'air impatienté. Lisa n'eut plus aucun doute. Ce cheval avait un problème. Il fallait à présent trouver lequel.

C'était un peu comme le jeu du « chaud et froid ». Tant qu'elle examinait les flancs et la bouche de Voyou, M. Jenrette resta tranquille. Mais dès qu'elle se baissa pour s'intéresser aux jambes du cheval, le propriétaire se remit à consulter sa montre.

– Les autres acheteurs ne devraient pas tarder, lança-t-il d'une voix nerveuse.

Elle avait vu juste ! Voyou devait avoir un problème aux jambes, une zone fragile chez les chevaux. Lisa crut voir ce qui clochait. Un de ses tendons était gonflé. Ce n'était peut-être pas grave, mais il valait mieux s'en assurer.

Elle retourna vers ses parents.

– J'aimerais l'essayer demain, annonça-t-elle. Et puis, ça serait bien que la vétérinaire de mon club vienne l'examiner en même temps.

– Il sera vendu d'ici là, assura M. Jenrette.

L'opinion de Lisa était faite. Le propriétaire voulait se débarrasser de ce cheval au plus vite.

– Dans ce cas, je suis désolée, c'est non.

– Dommage pour toi, fit l'éleveur avec un haussement d'épaules.

– Voyons, chérie, s'étonna M. Atwood. Cette bête ne te plaît pas ?

Lisa ne voulait pas faire un scandale devant l'éleveur. Elle expliquerait plus tard à ses parents la raison de son refus. Pour l'instant, elle devait trouver une excuse qui pût les satisfaire.

– Je n'aime pas sa robe, inventa-t-elle. Tu sais, papa, j'ai toujours rêvé de posséder un alezan.

Lisa eut la désagréable impression de se comporter comme Veronica.

– Oh oui, ce sont des chevaux roux, n'est-ce pas ? intervint sa mère. Moi aussi, j'adore cette couleur.

M. Atwood fronça les sourcils, et Lisa décida de mettre un terme à l'entrevue. Elle se tourna vers l'éleveur et lui serra vigoureusement la main :

– Merci pour tout, M. Jenrette. Désolée de vous avoir fait perdre du temps.

Malicieusement, elle ajouta :

– Vous avez une très belle montre.
De retour dans la voiture, M. Atwood se tourna vers sa fille :
– Dis-moi, Lisa, c'est quoi, cette histoire d'alezan ?
– Eh bien…, commença-t-elle.
– Tu as besoin de l'avis d'un vétérinaire, n'est-ce pas ?
Lisa sourit :
– Oui. Quand cet homme s'est montré réticent pour me laisser examiner son cheval, j'ai su qu'il y avait un problème. Je crois que ce sont les jambes. Un spécialiste aurait trouvé tout de suite.
– Finalement, ce n'est pas si simple d'acheter un cheval, conclut son père.
– C'est vrai.
Et son père ne se doutait pas à quel point cet achat compliquait la vie de sa fille. Elle ne savait toujours pas comment annoncer la nouvelle à ses amies et elle redoutait leur réaction quand elles l'apprendraient.
– Je dois m'absenter deux jours pour mes affaires, annonça M. Atwood. Mais nous

reprendrons les recherches dès mon retour.
– Sois sans crainte, ma chérie, nous trouverons le cheval qu'il te faut, lui assura sa mère.
Lisa se contenta de répondre par un hochement de tête.

# 7

– Rassemblement en ligne ! ordonna Max.

Steph tira légèrement sur les rênes de Flamme, qui réagit aussitôt. L'animal semblait comprendre que ce jour était particulier. C'était en effet la première réunion officielle du Club du Pin creux. Tous les cavaliers présents allaient recevoir le badge de la Fédération d'équitation.

Il fallut attendre quelques minutes avant que la ligne se forme. Comme toujours,

Veronica fut la dernière à rejoindre les autres. Elle montait Tornade pour la première fois en public, et elle voulait que tous admirent sa magnifique jument. Carole fit comme si Veronica n'existait pas. Steph et Lisa adoptèrent la même attitude. Finalement, elle regagna les rangs sous le regard furieux de Max.

– Voici le programme du jour, annonça-t-il. Nous allons d'abord distribuer les badges de la Fédération. Mais, attention, je me réserve le droit de le retirer à ceux qui ne feront pas de progrès.

Les trois amies échangèrent un regard entendu.

– Ensuite, je donnerai le détail des prochaines réunions et je vous expliquerai comment fonctionnent les classements de la Fédération. Nous ferons un petit quiz pour évaluer les connaissances de chacun et nous terminerons par une promenade. Au retour, vous vous occuperez de vos montures, comme d'habitude. Je rappelle que le pansage des chevaux et le nettoyage des boxes

comptent pour l'évaluation de votre niveau.
Le Club du Grand Galop se tourna d'un mouvement vers Veronica, qui fit semblant de ne rien remarquer.
Le colonel Hanson se porta volontaire pour distribuer les badges. Seulement, il passait derrière les chevaux.
– Colonel, intervint Max, il vaut mieux passer devant les chevaux.
– Oh, pardon ! s'excusa le père de Carole en s'empressant de revenir à l'avant.
– Qui peut dire au colonel pourquoi il faut agir ainsi ?
Plusieurs mains se levèrent. Max donna la parole à Steph, qui expliqua que les chevaux sont très craintifs et qu'ils risquent de ruer s'ils sentent une présence derrière eux. Quand elle eut terminé, Steph remarqua que Carole fronçait les sourcils. Était-elle gênée que son père ne connût pas une consigne de sécurité aussi évidente ? En tout cas, Steph était sûre que le colonel ne commettrait plus cette erreur.
Quand les badges furent distribués, Max

aborda le programme des semaines à venir. Les cours théoriques auraient lieu un samedi sur deux. À la réunion suivante, Julie Barker, la vétérinaire, leur ferait un exposé sur les maladies du cheval, et le samedi d'après ils passeraient leur premier examen officiel.

Steph se demanda dans quelle catégorie elle se trouverait. Les niveaux étaient désignés par des lettres. Les débutants commençaient en D1 jusqu'à D3. Ils progressaient ensuite en C, de 1 à 3, puis en B, enfin en A. Le dernier classement était en général réservé aux professionnels. Elle se dit que, pour l'instant, seule Carole pouvait prétendre au niveau C. Steph se demanda où Max allait classer Veronica. Il faudrait sans doute inventer une catégorie spéciale : I, comme Incapable !

– À présent, nous allons jouer aux pas de géant.

Max allait poser des questions aux cavaliers et, à chaque bonne réponse, le cheval avancerait d'un pas. Le premier à franchir une

ligne tracée au sol serait déclaré vainqueur.
– Quels sont les temps du trot et du galop ?
« Fastoche », pensa Steph, jusqu'à ce qu'elle comprenne que cette question s'adressait aux nouveaux. Carole, interrogée à son tour, cita le matériel de pansage, et Lisa, cinq races de chevaux.
– Veronica, cite-moi trois parties du pied du cheval.
Veronica se trémoussa sur sa selle, visiblement mal à l'aise.
– Euh... le sabot et...
– Un pas en arrière ! ordonna Max. Qui peut répondre à sa place ?
Steph s'empressa de lever la main.
– La sole, la fourchette et la couronne, lança-t-elle.
– Veronica, je t'ai demandé de reculer, intervint Max.
– On ne pourrait pas abandonner ce jeu stupide et partir en promenade ? grogna celle-ci.
– Plus tard ! répondit Max sur un ton sans réplique.

Elle lui lança un regard noir : Mademoiselle n'avait pas l'habitude d'essuyer des refus. Alors, elle talonna Tornade et fit demi-tour. L'instant d'après, elle s'éloignait à vive allure sur le chemin de randonnée. Le Club du Grand Galop n'en revenait pas. Elle avait osé tenir tête à Max ! Max parut, lui aussi, profondément choqué, mais il se reprit et poursuivit le jeu :

– Polly, dis-moi pour quelle raison un cheval doit avoir de nouveaux fers.

Comme toujours, Max sut se montrer sympa. Il posait des questions faciles aux débutants, et un peu plus ardues aux autres. De cette manière, chacun avait le moyen d'apprendre ou de réviser. Lucy Johnson, la plus jeune élève du club, remporta finalement la victoire.

Le temps était venu de partir en promenade. Les cavaliers retrouvèrent Veronica dans la prairie derrière le Pin creux. Max l'appela et fit en sorte que tous puissent entendre son sermon.

– Veronica, je peux comprendre que tu aies

envie d'essayer ton nouveau cheval. Mais ça n'excuse pas ton attitude. Ne recommence jamais, ou tu devras trouver un autre club. À présent, file à l'arrière !

Veronica ne répondit pas, mais, en passant devant le Club du Grand Galop, elle décocha aux trois filles un sourire triomphal. Steph leva les yeux au ciel : en plus elle était fière d'elle !

Carole avait fini de panser Diablo. Elle fit le tour des boxes pour voir si les nouveaux n'avaient pas besoin d'aide. Elle n'eut pas à chercher longtemps.

Son père était dans le box de Tornade. Il examinait le harnachement de la jument sous toutes les coutures comme s'il avait affaire à un casse-tête chinois.

– Qu'est-ce que tu fais là ?

– Ah ! chérie, tu tombes bien, fit-il, un peu embarrassé. Veronica était fatiguée et elle m'a demandé de débrider son cheval. Sais-tu comment on enlève ce truc ?

– Laisse, je vais le faire, dit-elle, agacée.

– Tu veux un coup de main ?
– Pas la peine, répondit Carole un peu sèchement.
Elle était outrée. Il ne savait même pas défaire une bride !
– Bien, je vais voir si je peux aider quelqu'un d'autre.
– Si tu veux…
Ce n'était peut-être pas une bonne idée. Tout le monde allait se rendre compte qu'il n'y connaissait rien. Mais ce qui énervait le plus Carole, c'était la négligence de Veronica. Comprendrait-elle un jour qu'un cheval n'est pas un jouet qu'on abandonne quand il n'amuse plus ?
– Besoin de mes services ?
Steph sourit au colonel Hanson :
– Si vous voulez. Aidez-moi à desseller Flamme.
– Bien, fit-il. Je vais enfin savoir à quoi servent toutes ces boucles bizarres.
Steph ne put s'empêcher de rire :
– C'est facile, je vais vous montrer. D'abord, on attache une corde au licol.

– Pourquoi ? demanda le colonel.
Steph ne sut pas quoi répondre. Elle n'avait jamais vraiment réfléchi au problème.
– Il doit bien y avoir une raison, insista doucement le colonel.
Steph hésita un instant :
– Ça y est ! C'est pour l'empêcher de partir. C'est surtout utile en plein air. S'il n'est pas attaché quand on le desselle, le cheval risque de s'enfuir.
– Logique, approuva le colonel.
Steph lui montra ensuite comment ôter la selle. Le colonel vint se mettre à droite du cheval.
– Non, corrigea Steph. On se place à gauche.
– Pourquoi ?
« Bonne question ! » songea Steph.
– Je crois que le cheval a l'habitude d'être abordé par la gauche, commença-t-elle. Et puis les boucles des sangles se trouvent à gauche, alors c'est plus facile.
– Ça me paraît sensé, commenta le colonel.
– À moi aussi, plaisanta Steph.

Elle lui montra ensuite où ranger le matériel dans la sellerie avant de commencer le pansage. Il était évident que le colonel ne connaissait absolument rien à l'équitation ! Même les débutants du club n'avaient jamais posé à Steph autant de questions.

Quand elle eut terminé, Steph se tourna vers son « instructeur » et déclara malicieusement :

– Je peux faire au moins vingt-cinq pas de géant pour toutes ces bonnes réponses.

– Et moi ? demanda le colonel avec un clin d'œil qui la fit rire.

# 8

Carole transporta le matériel de Tornade dans la sellerie. Il y resterait sûrement jusqu'à ce que Veronica trouve quelqu'un d'autre pour le déplacer. En pénétrant dans la pièce, elle s'arrêta net. Lisa montrait à son père comment nettoyer une selle. C'était vraiment le monde à l'envers.

– Voilà, il faut frotter le cuir en faisant des cercles avec une éponge humide, mais pas mouillée…

– Pourquoi ? demanda le colonel.
Carole devint rouge de confusion. Elle déposa doucement la selle et quitta la pièce sur la pointe des pieds. Heureusement, ils ne s'étaient pas aperçus de sa présence. Comment pourrait-elle regarder ses amies en face maintenant qu'elles savaient que son père était à ce point ignorant ?
La jeune fille regagna les écuries, où quelques cavaliers s'occupaient encore de leurs montures. Carole avait besoin de réfléchir au calme. Et puis, elle ne voulait plus entendre son père poser toutes ces questions stupides. La porte de la réserve était fermée. C'était l'endroit idéal pour s'isoler.
De gros sacs de grain et des balles de foin encombraient l'espace. D'habitude, elle aimait vérifier les nouveaux arrivages. Elle aidait souvent Max à composer les mélanges en fonction des besoins de chaque cheval. Mais, aujourd'hui, elle se contenta d'aller s'asseoir dans un coin.
Soudain, la porte s'ouvrit et une jeune cavalière dont Carole avait oublié le prénom fit

son entrée… accompagnée du colonel.
– Vous voyez, dit-elle, c'est ici qu'on entrepose les grains et le fourrage.
– Peux-tu me dire pourquoi il y a les deux ?
– Les chevaux aiment bien le foin, mais ce n'est pas aussi nourrissant que l'avoine, par exemple, répondit la petite.
– C'est une bonne réponse, merci, Mélanie.
C'est alors qu'ils remarquèrent la présence de Carole.
– Salut ! lança le colonel sur un ton enjoué. Comment va ma fille unique et préférée ?
– Vous êtes son père ? s'exclama Mélanie en levant de grands yeux étonnés.
– Eh oui, répondit fièrement le colonel.
Carole grimaça. Quand ils quittèrent la pièce, elle se renfrogna, perdue dans ses pensées. Elle joua négligemment avec le badge de la Fédération accroché à son pull. C'était le début de ses rêves qui venait de se réaliser, mais la présence de son père au club lui gâchait un peu le plaisir.
Ça ne pouvait pas durer. Il était totalement inutile, et c'était très embarrassant pour elle.

Peut-être qu'en lisant des centaines de livres et en prenant des cours – ailleurs – il finirait par devenir un instructeur correct. Peut-être…

Elle ne pouvait pourtant pas le lui dire elle-même sans le blesser. Par contre, Max serait parfait. C'était un professionnel. Son père écouterait ses critiques. Satisfaite d'avoir trouvé le moyen de résoudre le problème, elle se leva d'un bond et quitta la réserve.

Elle croisa Helen Durham dans les écuries.

– Salut, Carole ! lança la jeune fille. Je viens de voir ton père. Je lui ai appris à curer les sabots !

– Il est bon élève ? s'enquit-elle, piquée au vif.

Helen gloussa et Carole regretta d'avoir posé la question. Elle n'aimait pas qu'on se moque de son père. C'était comme si l'on se moquait d'elle-même.

Max se trouvait au bout du couloir. Il surveillait ce qui se passait dans un box. En arrivant à sa hauteur, Carole sentit son cœur cesser de battre : Betty Cavana montrait au

colonel Hanson comment étriller un cheval.
– Max… Je peux vous parler… en privé ?
– Bien sûr, Carole, répondit Max, un peu surpris par sa requête. Allons dans mon bureau.
L'adolescente referma soigneusement la porte derrière elle.
– Voilà, commença-t-elle. C'est à propos de…
– Veronica ? l'interrompit Max. J'ai vu que tu as dû t'occuper de Tornade à sa place. Je ne pense pas qu'on puisse la changer, tu sais !
– Non, ce n'est pas ça, reprit Carole. C'est… mon père.
Le visage de Max s'éclaira alors.
– Il est fantastique ! C'est une chance de l'avoir avec nous !
– Comment ça ? s'étonna Carole.
– Il est partout à la fois, il s'occupe de chaque élève. C'est un professeur extraordinaire, tu sais.
Carole n'y comprenait plus rien.
– C'est un excellent pédagogue, poursuivit Max. Tout le monde l'adore déjà !

– Bien sûr, il est adorable, admit Carole. Mais vous ne croyez pas qu'il devrait prendre quelques leçons… à l'extérieur ?
– C'est prévu, répondit Max. Je vais organiser des cours pour les parents bénévoles. Sais-tu que certains n'y connaissent absolument rien ?
Carole préféra ne pas insister. Elle comprit que Max ne lui serait d'aucun secours. En dépit de ce qu'il disait, elle était persuadée que son père n'avait pas sa place au club. Et le fait que tout le monde l'adore ne suffisait pas à en faire un bon instructeur. Elle allait devoir intervenir, et c'est bien ce qui l'ennuyait.

Le lundi après les cours, Lisa retrouva ses parents devant les grilles du collège. C'était devenu une routine agréable.
Cette fois, ils avaient rendez-vous chez un entraîneur. Son père avait découvert une annonce intéressante en parcourant les journaux du dimanche. Un cheval bai, âgé de quatre ans, était à vendre. Mme Atwood

s'étonna que sa fille veuille le voir alors qu'elle avait prétendu préférer les alezans. Lisa renonça à lui fournir une explication.
– C'est un cheval superbe, annonça M. Michaels, le propriétaire.
Lisa lui donna aussitôt raison. Il était magnifique. Sa robe brune luisait au soleil.
– Il est en cours de dressage et il apprend vite. Seulement, je n'ai pas le temps de m'en charger moi-même. Vous pratiquez depuis longtemps, M. Atwood ?
– Oh non ! répondit en riant le père de Lisa. C'est Lisa, la cavalière de la famille. Ce cheval est pour elle.
M. Michaels fronça légèrement les sourcils.
– Je veux vendre ce cheval, c'est vrai. C'est de la graine de champion. Mais il est encore jeune et il a besoin d'un cavalier expérimenté qui puisse poursuivre son entraînement. D'ici un an ou deux, il sera parfaitement au point.
Lisa observa le cheval. Il avait vraiment fière allure. Il s'appelait Joli Garçon, et ce nom lui allait à ravir.

– Tu veux l'essayer quand même ? proposa M. Michaels.

Lisa accepta avec empressement.

Il fallut quelques minutes pour seller Joli Garçon. Il se montra nerveux quand M. Michaels se présenta avec le matériel et l'éleveur dut s'y reprendre à deux fois avant de poser la selle. Lisa fit semblant de ne rien remarquer. Elle avait hâte de monter ce magnifique cheval.

L'éleveur l'aida à se mettre en selle car Joli Garçon était grand. Aussitôt, le cheval se rebiffa et martela le sol. Lisa se pencha en avant et lui tapota l'encolure.

– Làààà, fit-elle d'une voix apaisante.

– Tu sais t'y prendre, apprécia M. Michaels. Fais-lui exécuter quelques cercles. C'est ce que je lui apprends en ce moment.

Lisa le talonna doucement et lui indiqua d'aller à droite. Mais il ignora l'ordre et se cabra.

– Sois plus ferme ! lança M. Michaels.

« Facile à dire », songea Lisa. Elle renouvela son ordre et dut le cravacher pour qu'il

consente à avancer. Elle lui fit exécuter deux cercles, puis tenta de le lancer au trot. Joli Garçon partit au galop. Lisa se pencha en arrière et se remit au pas.
À la quatrième tentative, Lisa parvint à trotter. Elle fit plusieurs fois le tour du paddock et arrêta le cheval à la hauteur de ses parents.
– Il est vif, commenta-t-elle. Mais il est encore un peu rétif.
– Tu comprends le problème, répondit l'éleveur.
– C'est de l'hébreu pour moi, intervint Mme Atwood. De quoi parlez-vous donc ?
– Maman, ce cheval est superbe et il est très prometteur, expliqua Lisa. Mais moi, je ne pourrais le monter que quelques heures par semaine au club. Pour bien faire, il faudrait transformer notre jardin en paddock, construire une écurie et faire appel à un entraîneur.
Mme Atwood prit un air horrifié.
– Il va falloir arracher mes massifs de roses ? s'alarma-t-elle.
M. Michaels s'empressa de la rassurer.

– Votre fille plaisante, madame. Elle sait que ce cheval n'est pas pour elle.
– Exact, répondit Lisa. Mais s'il est encore à vendre dans un an...
– J'espère lui trouver un acquéreur avant cela. Mais je garde ton adresse ; on ne sait jamais...
Lisa mit pied à terre et aida l'entraîneur à desseller Joli Garçon. Elle aurait bien aimé avoir ce cheval, mais il fallait se rendre à l'évidence : il avait besoin d'un professionnel, quelqu'un qui sache exploiter ses nombreuses possibilités. Lisa souhaita de tout cœur que M. Michaels trouve la bonne personne.

# 9

– Lisa ! tu dois absolument venir chez moi ! s'exclama Steph au téléphone. Tu verrais ce qui arrive à mes radis !

– Tes radis ? Quels radis ?

On était mardi après-midi, et Lisa révisait son cours d'histoire.

– Mais tu sais bien ! insista Steph.

Lisa se souvint alors que son amie avait planté des graines de radis pour son devoir de sciences.

– Ah oui ! fit-elle. Il y a un problème ?
– Non, au contraire ! Viens vite voir ça !
Steph raccrocha sans même attendre de réponse. Lisa secoua la tête en souriant. Steph s'émerveillait d'un rien, mais son enthousiasme était communicatif. Lisa referma son livre ; les révisions pouvaient attendre.
La jeune fille dévala les escaliers et attrapa son manteau au passage. Steph et elle habitaient le même quartier.
En chemin, Lisa repensa à son problème. Elle n'avait jamais eu de secret pour ses meilleures amies et elle se sentait honteuse de leur cacher que ses parents étaient à la recherche d'un cheval pour elle. Elle ne pouvait plus se taire. Sa mère finirait sûrement par en parler à Mme Angelo, qui avertirait Veronica. Cette peste prendrait un malin plaisir à vendre la mèche, et ce serait la catastrophe.
– Je vais tout dire à Steph, se promit-elle tout haut pour se donner du courage. Ça ne peut plus durer !

D'un seul coup, Lisa se sentit soulagée, et elle arriva chez son amie avec le sourire.
– Regarde ça ! fit celle-ci en désignant fièrement un pot.
Lisa jeta son manteau sur le lit de Steph et s'approcha du bureau. Elle se pencha sur le pot étiqueté « Lumière et eau » et ne vit absolument rien. Mais en regardant de plus près, elle remarqua quelques minuscules pousses d'un vert tendre qui pointaient hors de terre.
– Ça a marché ! s'exclama Steph, ravie. Regarde-les ! Est-ce qu'elles ne sont pas mignonnes ?
Lisa se dit que ce n'était peut-être pas le mot juste pour des pousses de radis, mais elle acquiesça :
– Très mignonnes, confirma-t-elle, amusée. Et les autres pots ?
– Rien.
– C'est normal. Je t'avais dit que ce serait facile.
– Tu sais quoi ? fit Steph. Quand ils auront poussé, je t'inviterai à venir goûter ma

récolte. Et je fournirai même le sel ! Mais c'est bien parce que tu es une véritable amie.

À cet instant, Lisa se sentit à nouveau coupable. Il était temps de tout révéler à Steph. Cette dernière continuait de bavarder sans remarquer le trouble de Lisa.

– Tiens, je suis passée au centre équestre aujourd'hui. J'avais oublié mon sac à dos dans les vestiaires. Tu sais qui j'ai croisé ? Notre chère Veronica Angelo. Et devine ce qu'elle faisait ? Elle pansait Tornade ? Nooon ! Mademoiselle comparait des échantillons de tissu pour que sa nouvelle tenue soit assortie à la robe de son cheval. On croit rêver !

– Veronica n'a pas fini de nous étonner, commenta simplement Lisa.

Steph mesura la hauteur des pousses et reporta les informations sur un tableau. Elle traça de larges croix dans les colonnes correspondant aux trois autres pots.

– Je vais bientôt avoir toutes les informations nécessaires pour mon exposé, conclut-elle, satisfaite. Merci encore du coup de main, Lisa. Qu'est-ce que j'aurais fait sans toi ?

Lisa détourna le regard, un peu embarrassée. La discussion à propos de Veronica avait ravivé ses doutes. Une demi-heure plus tard, elle avait regagné sa maison sans avoir rien dit à Steph.

À la deuxième réunion du club, le samedi suivant, Max distribua un livret à chaque cavalier.

– Vous devrez le tenir soigneusement à jour et il sera vérifié à chaque examen, expliqua Max. Une partie de ce livret concerne la santé de votre cheval. Julie est là aujourd'hui pour vous expliquer comment le remplir.

Carole feuilleta son livret pendant que Max poursuivait ses explications. Elle en avait déjà possédé un lorsqu'elle vivait en Californie. Il était prévu pour une saison. Il fallait noter régulièrement le pouls et la température de son cheval, la date des vaccinations, etc.

Max céda la parole à Julie Barker, la vétérinaire.

– Il faut d'abord prendre le pouls de son cheval, dit-elle. Colonel Hanson, pouvez-vous nous montrer comment on procède.

Carole crut recevoir un coup dans l'estomac. Elle avait déposé quelques livres sur la table de nuit de son père. S'il les avait lus, il pouvait s'en sortir. Sinon…

Elle retint son souffle.

Son père s'approcha de Patch, le vieux cheval noir et blanc que Julie avait choisi pour la démonstration. Alors, avec un grand sourire, le colonel saisit la jambe avant de l'animal, comme s'il s'agissait de son poignet.

Toute l'assemblée éclata de rire. Carole aurait voulu disparaître dans un trou de souris.

– Bien pensé, colonel, pouffa Julie. Mais vous avez tout faux. Qui peut lui montrer comment on fait ?

Quelques mains se levèrent, et Julie désigna Steph, qui montra les deux endroits les plus fréquemment utilisés : entre les mâchoires, près de la joue ou derrière l'épaule.

Julie lui confia son chronomètre et Steph compta les pulsations pendant quinze secondes.

– Douze, annonça-t-elle. Il faut multiplier par quatre ce qui fait, euh... quarante-huit !

Julie poursuivit son exposé, et ensuite chacun se rendit auprès de son cheval pour remplir le livret.

Carole alla retrouver Diablo dans son box, prit son pouls et sa température et consigna ses observations sur le livret.

– Zut !

Elle venait de casser la mine de son crayon. Elle devait retourner dans le bureau de Max pour le tailler.

Une activité fébrile régnait dans les boxes. Julie aidait un débutant à prendre la température de son cheval. Steph vérifiait si Comanche portait bien un tatouage. Même Veronica était occupée. Elle coloriait un croquis de sa jument sur son carnet. Comme Tornade était une alezane sans marque particulière, c'était assez simple. Mais Carole devait au moins lui rendre justice : pour une fois, elle travaillait.

Pendant qu'elle taillait son crayon, son père pénétra dans le bureau.

– Je te cherchais, dit-il. Max a prévu une petite réunion des parents bénévoles après la séance. Tu pourras m'attendre ?

– Pas de problème.

– Bien… Peux-tu me dire quelle est la température normale d'un cheval ?

– Inférieure à trente-huit degrés quand il est au repos, répondit-elle automatiquement.

– Ah bon, fit-il, soulagé. Un petit jeune me l'a demandé, et je n'étais pas sûr de la réponse.

– Et qu'aurais-tu fait s'il avait eu de la fièvre ? demanda Carole par curiosité.

– Oh, comme d'habitude… Du miel et des boissons chaudes, et au lit jusqu'à l'arrivée du médecin !

Carole ne put s'empêcher de sourire.

– À plus tard, conclut-elle avant de regagner le box de Diablo.

Cependant, elle avertit Steph et Lisa : le Club du Grand Galop devait se réunir d'urgence après le cours. Carole tenait à s'excuser auprès de ses amies de l'incompétence de son père. Elle espérait qu'elles comprendraient.

# 10

Steph avait terminé de remplir son livret. Elle se rendit à la sellerie avec son harnachement. Elle commençait à nettoyer les rênes quand Lisa et Carole la rejoignirent.

– Vivement l'été ! leur dit-elle. Comme ça, on pourra monter tous les jours, et pas seulement deux fois par semaine.

– Et puis tu n'auras plus de devoirs à rendre, plaisanta Lisa.

– Ce n'est pas pour ça, répondit Steph. Il y

a tant de choses à savoir sur les chevaux. Deux cours par semaine, ce n'est pas assez, même avec le nouveau club qui est super, soit dit en passant.

– Je confirme ! approuva Lisa. Tout le monde en est content, même Veronica. D'ailleurs, elle s'occupait de Tornade quand je suis passée devant son box.

– Elle la pansait elle-même ? Elle va se casser un ongle, railla Steph.

– Non, mais elle la flattait gentiment.

– C'est déjà bien qu'elle lui montre de l'affection, commenta Carole. Je n'arrive toujours pas à comprendre pourquoi ses parents lui ont offert un nouveau cheval, surtout une bête aussi belle que Tornade.

– Ils ont les moyens, suggéra timidement Lisa.

– L'argent n'a rien à voir là-dedans ! s'emporta soudain Carole. Il ne suffit pas de pouvoir s'offrir des chevaux ! On devrait interdire aux gens d'en posséder tant qu'ils ne savent pas s'en occuper correctement !

Carole attrapa une bride et se mit à la frotter

vigoureusement, comme si elle voulait se passer les nerfs dessus.

– Veronica n'est pas mauvaise cavalière, admit-elle. Mais pour le reste, elle est lamentable !

– Un cheval, ça se mérite, approuva Steph.

– En tout cas, je voulais vous parler d'autre chose, dit soudain Carole, brusquement gênée. Mon père…

– Lui, tu le mérites ! la coupa Steph. Tout le monde l'a adopté !

– Je ne comprends pas pourquoi, fit Carole en fronçant les sourcils. Il est censé nous instruire et même Veronica en sait plus que lui. C'est très embarrassant…

Steph la regarda, étonnée. Il ne lui serait jamais venu à l'idée que Carole pût avoir honte de son père. Le colonel Hanson était super. Et, en plus, il avait tellement d'humour !

– Bien sûr, il ne connaît pas grand-chose aux chevaux, mais il apprend vite, je t'assure. L'autre jour, je lui ai montré comment brider Comanche. Il a saisi du premier coup.

Aujourd'hui, je l'ai vu aider un petit avec son poney, il se souvenait du nom de tous les éléments.

Steph s'interrompit en voyant la mine de Carole. Son amie ne semblait absolument pas d'accord avec elle. Elle poursuivit son ouvrage tout en cherchant des arguments qui pourraient la convaincre. Un silence gêné s'installa dans la sellerie, bientôt rompu par l'arrivée de Max.

Il était soucieux. Manifestement, il y avait un problème.

– J'ai besoin de votre aide, déclara-t-il sans préambule. Quelqu'un est parti en promenade sans refermer la barrière du paddock, et King s'est échappé. Il faut partir à sa recherche. Sellez vos chevaux et allez-y.

Les filles ne se le firent pas dire deux fois. Chacune fila dans son box. Quelques minutes plus tard, elles se retrouvaient dehors avec leurs montures. Un poulain aussi jeune que King, seul dans la nature, était en danger. Il n'y avait pas une seconde à perdre.

– Allons-y ! pressa Steph.

– Attends, fit Carole. Il faut un licol pour King. Et une longe aussi…

– C'est vrai. Et une trousse de secours, on ne sait jamais.

– Je vais la chercher, proposa Lisa. Et je prendrai aussi un rouleau de corde.

– On oublie le principal…, dit alors Carole. Délilah.

« Bien sûr, se dit Steph. Quoi de plus rassurant pour un poulain que la présence de sa mère ? » Carole mit une longe à la jument et l'attacha à la selle de Diablo.

Bientôt, le Club du Grand Galop se retrouva en selle.

– On a oublié autre chose, dit alors Lisa.

Ses amies lui lancèrent un regard perplexe.

– Effleurer le fer porte-bonheur. Cette fois on risque d'en avoir besoin !

Les adolescentes caressèrent le vieux fer rouillé au passage avant de s'élancer sur le chemin de randonnée.

Le Club du Pin creux était entouré de nombreuses collines et de forêts. Max s'était arrangé avec les fermiers des environs pour que ses cavaliers puissent s'entraîner sur leurs terres. Du coup, il y avait tant d'empreintes de sabots dans tous les sens qu'il était impossible de repérer une piste.

– Suivons les barrières ouvertes, dit Carole en toute logique. En espérant que le cavalier ne les a pas toutes laissées ouvertes. Si on trouve un champ clos, King ne sera pas loin.

– Une seule personne, au Pin creux, ne prend jamais la peine de fermer les barrières, grommela Steph.

– Veronica Angelo ! conclurent Carole et Lisa d'une seule voix.

– Exact, reprit Steph. Il faut espérer qu'elle est restée dans les prairies. Si elle a décidé de faire un tour en forêt, il sera plus difficile de retrouver King. Il n'y a plus de barrières dans ce coin-là.

– Oh non ! s'alarma Lisa. Les bois donnent directement sur la grand-route !

– Il n'y a pas de temps à perdre ! s'exclama Carole.

Les filles partirent aussitôt en direction de la forêt.

Les chevaux semblaient comprendre qu'il y avait urgence, tant le bruit de leurs sabots martelant le sol était déterminé. Heureusement, si l'on peut dire, les barrières ouvertes facilitaient leur progression. Les filles n'avaient plus qu'à les refermer derrière elles. « Merci, Veronica… »
C'est alors qu'elles repérèrent la fautive dans une prairie en bordure de forêt. C'était un vaste espace, idéal pour pousser sa monture au grand galop. Carole serra les dents de rage. Cette idiote confondait Tornade avec une voiture de course. La pauvre bête était luisante de transpiration. Si elle en avait eu le temps, Carole aurait dit à Veronica ses quatre vérités. Mais il fallait retrouver King et elle ne le voyait nulle part. Carole se tourna vers Délilah. Elle sentirait sûrement la présence de son poulain. La jument poussa un hennissement… Il n'y eut pas de réponse.
– Où est-il donc ? s'inquiéta Carole. Si Veronica est là, King ne devrait pas être loin.
– À moins que…, commença Lisa.

Les trois amies se tournèrent ensemble vers la barrière donnant sur les bois. Bien évidemment, Veronica l'avait laissée ouverte.

– Celle-là, elle mérite des baffes ! explosa Steph.

– On s'en occupera plus tard, dit Carole.

Comme elles s'élançaient vers la forêt, Veronica les salua de loin. Elle n'avait aucune idée des problèmes qu'elle avait provoqués, et il y avait gros à parier qu'elle s'en ficherait en les apprenant.

Un poulain de quatre mois est un petit animal curieux, inconscient du danger. À ce moment même, il pouvait goûter des baies empoisonnées ou s'approcher trop près d'un ravin. Mais il y avait pis encore. La chasse était ouverte et on pouvait confondre King avec un daim. Carole pâlit en y songeant.

– Ne t'inquiète pas, lâcha Steph. On va le retrouver sain et sauf.

Carole ne s'étonna pas que Steph ait su lire dans ses pensées. L'amitié avait tissé des liens très forts entre elles ; mais serait-ce suffisant pour sauver King ?

Soudain, Délilah dressa les oreilles et ses naseaux frémirent. Elle tira sur sa longe, forçant Diablo à s'arrêter. La jument se mit à piaffer et poussa un hennissement. Carole décida de détacher la longe. À présent, Délilah serait leur guide.

Bientôt, la jument ralentit. Le Club du Grand Galop fit silence. Délilah poussa un nouveau hennissement et se figea, attentive. Il y eut alors des mouvements précipités dans le sous-bois sur leur gauche. Fausse alerte... Ce n'était qu'un lapin. Délilah se mit à escalader la colline, se faufilant entre les arbres. À cause des branches basses, il était impossible de la suivre à cheval et les filles durent mettre pied à terre. La jument les guida ainsi sur une bonne distance. De temps à autre, elle appelait son petit. Bientôt, elle devint fébrile, hochant la tête à droite et à gauche et fouettant l'air de sa queue.

Soudain, elle s'arrêta et hennit doucement. Cette fois, King répondit. Mais c'était une plainte si faible ! Sans perdre une seconde, les filles attachèrent leurs montures à un arbre et foncèrent.

King était là, à mi-pente d'une ravine envahie par les ronces. Il s'était emmêlé les pattes en voulant se dégager et gisait sur le flanc. Des traces de sang maculaient son pelage. Ses hennissements ressemblaient aux pleurs d'un bébé.

Le Club du Grand Galop avait retrouvé le poulain, mais celui-ci n'était pas encore sauvé.

# 11

– Qu'est-ce qu'on va faire ? s'alarma Steph.
Carole, qui savait garder la tête froide dans les situations critiques, décida d'un ton résolu :
– Il faut d'abord le dégager.
Elle prit tout naturellement la tête des opérations.
– Steph, tu me passes ton couteau suisse ?
Son amie le lui tendit.
– Voilà comment on va faire, reprit-elle. Je

vais couper les ronces. Toi, Steph, tu viens avec moi et tu t'arranges pour le faire tenir tranquille. Je n'ai pas envie de recevoir un coup de sabot pendant que je le dégage. Lisa, tu restes pour l'instant avec Délilah et tu la calmes. On n'a surtout pas besoin d'une mère hystérique !

La repartie de Carole détendit un peu l'atmosphère. Elle évalua la situation. Les branches hérissées d'épines s'entremêlaient comme du fil de fer barbelé. Une fois pris dedans, il était impossible de s'en dépêtrer. Heureusement, King n'avait pas chuté jusqu'au fond de la ravine.

Carole devait d'abord vérifier si le poulain ne s'était pas cassé une jambe. Suivie de Steph, elle se laissa glisser lentement le long de la pente et alla s'asseoir à proximité de King. Aussitôt, il commença à s'agiter, les yeux agrandis par la peur.

– Du calme, mon garçon, fit Carole d'une voix douce. On va te sortir de là.

King ferma un instant les yeux et se calma.

– Il t'écoute, commenta Steph.

– Il nous connaît bien, répondit Carole. On l'a vu naître. Et je suis sûre qu'il comprend que nous voulons l'aider.
Carole s'approcha doucement.
– Que fais-tu ? demanda Lisa depuis le haut de la ravine.
– Je veux vérifier s'il n'a pas de fracture et voir si les entailles sont profondes. S'il a perdu beaucoup de sang, il faudra l'évacuer au plus vite…
Carole commença à trancher les ronces, s'égratignant les mains. Elle put bientôt toucher une jambe du poulain et examina les points sensibles.
– Bon, rien de cassé. Tout va bien… pour l'instant, murmura-t-elle.
Le soleil d'automne commençait à décliner, et la pénombre enveloppa le sous-bois. Carole dut poursuivre son examen à tâtons. Elle plongea son bras dans les ronces afin d'atteindre les autres jambes.
– Ouille !
– Tu t'es fait mal ? s'inquiéta Steph.
– Je viens de m'érafler. Rien de grave.

– Attends, fit Steph en ôtant ses gants de cuir. Prends ça.
– Mais ils vont être fichus ! protesta Carole.
– Tes mains sont plus importantes qu'une paire de gants, insista Steph en les lui tendant.
Carole les enfila et repartit à l'assaut du buisson de ronces.
– C'est efficace. Merci, Steph !
– De rien. Et comme Noël approche, tu as maintenant une excellente idée de cadeau à me faire, conclut Steph avec un sourire malicieux.
Le sabot du postérieur droit de King était coincé sous une racine. C'était sans doute grâce à ça qu'il n'était pas tombé plus bas. Sa jambe était tout écorchée, mais, à première vue, les blessures étaient sans gravité. Seulement, si le poulain se débattait, il risquait la fracture.
Carole se tourna vers Lisa.
– Peux-tu aller chercher la corde ? demanda-t-elle. J'ai peur que King ne glisse encore plus bas.

En attendant le retour de Lisa, Carole poursuivit sa tâche. Elle repéra une entaille profonde au niveau de la cuisse, mais la blessure ne saignait plus. L'adolescente sectionna les ronces qui entravaient les membres du poulain tout en bénissant Steph de lui avoir prêté ses gants.

Lisa revint bientôt avec les rouleaux de corde.

– Qu'est-ce qu'on fait maintenant ?

Carole réfléchit un instant :

– Attache la corde à un arbre et lance-la près de moi. Je vais la passer sous son ventre. J'espère qu'il ne bougera pas trop ; de toute façon, on n'a pas le choix.

Steph caressait doucement le chanfrein du poulain en chantonnant une berceuse.

– Continue, approuva Carole. Ça a l'air de marcher.

– Tu as devant toi la reine des baby-sitters, ma vieille ! lança Steph fièrement.

Malgré la gravité de la situation, Carole ne put s'empêcher de rire. Ça ne faisait pas de mal de se détendre un peu ! Lisa lui envoya la corde et Carole se pencha sur le poulain pour la glisser sous ses flancs. King lâcha un hennissement inquiet, mais il se laissa faire.

– Bravo ! s'exclama Lisa. Je ne croyais pas que tu réussirais !

À cet instant, King décida qu'il en avait assez. Il se débattit furieusement et bouscula les filles. Comme le craignait Carole, il glissa d'un bon mètre, mais par chance son pied s'était dégagé de la racine. Carole remonta en hâte pour aider Lisa qui maintenait la corde, en s'arc-boutant de toutes ses forces.

Elles commencèrent à remonter doucement le poulain. King poussa quelques plaintes en s'extirpant des ronces, et chercha à se redresser.

– Donne-lui un coup de main, Steph ! cria Carole.

Steph empoigna King par la crinière et tira tant qu'elle put. Le poulain prit appui au bord de la ravine, mais son postérieur droit était encore pris dans les ronces. Sans réfléchir, Carole sauta dans la faille et d'un geste

nerveux sectionna les branches qui le retenaient.
King tremblait de frayeur, mais il était sauvé !
Carole se dépêcha de remonter et, pendant que Steph et Lisa cajolaient le poulain pour le calmer, elle alla chercher le licol.
– Comment comptes-tu lui passer ça ? s'inquiéta Lisa.
King était trop jeune pour accepter un licol. Il risquait de se débattre et de prendre la fuite.
– Il faudrait le faire sans qu'il s'en aperçoive, hasarda Steph.
Carole réfléchit un instant ; soudain son visage s'éclaira.
– Amenons Délilah ! Je suis sûre que le petit chéri meurt de faim !
Lisa alla chercher la jument. Délilah flaira un instant cette chose toute maculée de terre, comme pour s'assurer que c'était bien son petit. Pendant que le poulain cherchait à téter, Carole lui glissa prestement le licol. King n'y prit même pas garde.

– Regarde ses pauvres jambes, gémit Lisa. Il est tout écorché !

– Ça n'a pas l'air trop grave, conclut Carole après l'avoir examiné sous toutes les coutures. Mais il vaut mieux désinfecter, par précaution.

Steph alla chercher la trousse de secours et, pendant que le poulain était tout à son repas, elles lui donnèrent les premiers soins. Steph et Lisa nettoyaient les plaies et Carole faisait les pansements.

– On se croirait dans un épisode d'*Urgences*, plaisanta Steph.

Les filles furent prises d'un fou rire nerveux, évacuant d'un coup la tension accumulée lors du sauvetage.

– On a fait du bon travail, commenta Carole. Mais on n'a pas fini. Regardez King...

Le poulain, repu, avait besoin de dormir.

Les filles décidèrent de le conduire jusqu'au pré en bordure des bois. Là, elles attendraient tranquillement l'arrivée des secours. Max ne tarderait pas à les rejoindre avec son van.

Bientôt, le Club du Grand Galop, épuisé, se laissait tomber dans l'herbe.
Le poulain s'endormit avant même que Carole lui ait retiré le licol.

# 12

– Étoile, ma bonne étoile, accorde-moi un vœu, déclama Steph en levant les yeux vers le ciel.

La journée touchait à sa fin ; dans le ciel encore clair, la première étoile venait de s'allumer.

– Moi, je sais ce que je souhaiterais, fit alors Lisa.

Le moment était venu de tout dire à ses amies.

– J’ai quelque chose à vous avouer, quelque chose que je garde pour moi depuis deux semaines.
– C’est grave ? s’alarma Steph devant l’air sérieux de Lisa.
– Pas vraiment, reprit-elle. Mais je n’ai pas osé vous en parler.
Il y eut un long silence, et Lisa annonça finalement :
– Voilà… Mes parents ont décidé de m’acheter un cheval. Je suppose que ma mère veut imiter les Angelo. En tout cas, j’en ai déjà vu trois.
– Et tu ne nous as rien dit ! s’offusqua Steph.
– Non, fit Lisa en baissant les yeux. Et c’était une vraie torture, crois-moi…
Elle soupira :
– J’ai toujours voulu un cheval. C’est mon rêve. Mais quelque chose me disait que ce n’était pas juste. Et quand j’ai vu à quel point vous étiez furieuses contre Veronica, j’ai pensé que vous alliez m’en vouloir, à moi aussi. Mais j’avais oublié les vraies raisons de votre colère.

– Qui sont... ? demanda Carole pour la tester.
– Pour posséder un cheval, il faut s'y connaître.
– Un bon point pour l'élève Lisa, lança Carole pour dérider un peu son amie.
– Merci, fit celle-ci avec un sourire triste. Ça m'a pris du temps, mais l'attitude de Veronica m'a servi de leçon.
– Tu es quand même plus responsable qu'elle, admit Steph.
– Même un bébé est plus responsable que Veronica, répondit Lisa. Moi, je fais de mon mieux. Mais j'ai encore beaucoup à apprendre. Je vais demander à mes parents d'attendre un peu.
– C'est une sage décision, approuva Carole. Mais tu n'auras pas à patienter longtemps. Tu progresses à une vitesse incroyable.
– Et avec le nouveau club, nous allons toutes faire des progrès ! assura Steph.
– Le nouveau club ! répéta Carole, brusquement abattue. Moi, si j'avais un souhait, ce serait que mon père ne joue plus les instructeurs.

– Arrête ! protesta Steph. Tu as un père extra !
– Sans doute. Mais il ne connaît rien aux chevaux. Enfin, quoi ! Un instructeur est là pour instruire.
– Mais c'est ce qu'il fait ! intervint soudain Lisa. Et je peux même te dire qu'il est très doué !
– Là, je ne te comprends pas !
– Mais si, insista Lisa. C'est un excellent professeur. Chaque fois qu'il pose une question, il nous oblige à réfléchir à ce qu'on fait et à trouver la meilleure explication. Excuse-moi, Carole, mais je trouve que c'est très malin de sa part. Avec ce système, il apprend ce qu'il y a à savoir et il nous fait réviser. Bientôt il nous interrogera, non plus pour apprendre, mais pour s'assurer que l'on connaît bien la réponse ! Je me demande d'ailleurs s'il ne fait pas exprès, quelquefois, de faire l'ignorant…
Sur l'instant, Carole ne trouva rien à redire. Elle se contenta de fixer le ciel, où les étoiles s'allumaient une à une. Tout s'em-

brouillait dans sa tête. Certes, elle était soulagée que ses amies apprécient le travail de son père. Mais était-ce suffisant ? Elle n'en était pas encore persuadée.

Soudain, King s'agita dans son sommeil.

– Il doit rêver, commenta Lisa.

– Sans doute revit-il son fabuleux sauvetage, s'amusa Steph. Encore deux aventures comme celle-là, et on pourra lancer notre série télé : « Le Grand Galop à la rescousse ! » Ça sonne bien, non ?

– Pas assez accrocheur, fit Lisa. Pense à l'Audimat.

Elles continuèrent à plaisanter, laissant Carole à ses pensées. Après tout, ses amies avaient raison. Elle regretta d'avoir eu honte de son père.

– Tiens, lança soudain Steph. Je vous parie que Max ne va pas tarder !

Lisa se redressa et contempla les champs en contrebas.

– Si ces lumières sont celles du van, tu as vu juste.

Les filles se levèrent en faisant de grands

signes. Quelques minutes plus tard, le poulain était embarqué dans le van, où l'attendait Julie Barker. Délilah fut attachée à l'arrière du véhicule.

Tandis que l'équipage s'éloignait lentement, le Club du Grand Galop remonta en selle. Carole, Steph et Lisa allaient suivre à distance et refermer soigneusement toutes les barrières.

# 13

Une semaine s'était écoulée depuis le sauvetage de King. Sans le bandage qui entourait encore son postérieur droit, personne n'aurait pu se douter que le poulain avait eu un accident. Il gambadait tranquillement dans le paddock soigneusement clos, en compagnie de sa mère.

Steph aurait aimé partager son insouciance. Ce jour-là, les filles passaient l'examen de la Fédération !

Chacun pouvait se présenter dans la catégorie de son choix. Steph s'était inscrite en D3 sans même vérifier le programme. Mais quand elle eut pris connaissance du contenu, elle faillit s'évanouir. À présent, elle ne pouvait plus reculer.

– Stéphanie Lake, appela l'examinateur.

En entendant son nom, Steph sentit une boule d'angoisse lui serrer la gorge. Elle s'avança au centre du manège avec Comanche. Le test de pratique équestre se déroula sans problème. En moins d'un quart d'heure, elle avait effectué les figures imposées, au pas, au trot et au galop, et sauté quatre obstacles en ligne.

Venait ensuite l'examen théorique, et, là, c'était moins évident. Les filles avaient révisé pendant toute la semaine. Même Phil, le copain de Steph, lui avait posé des colles au téléphone. Mais, maintenant, tout se mélangeait dans sa tête. Elle acheva le parcours et se présenta devant l'examinateur.

– C'est bien, approuva-t-il. À présent, cite-moi les différentes parties du membre postérieur.

Affolée, Steph jeta un rapide coup d'œil vers les gradins. Carole et Lisa croisaient les doigts pour elle. D'un seul coup, elle se sentit mieux et lâcha d'une seule traite :

– La cuisse, le grasset, la jambe, le jarret, le canon, le boulet, le paturon, la couronne et le sabot.

Lisa et Carole applaudirent bruyamment et l'examinateur ne put s'empêcher de sourire.

– Bien, dit-il. Ton fan-club a raison de t'encourager !

- Merci, fit Steph en esquissant un pas vers la sortie.

– Attends, ce n'est pas fini…

– C'est incroyable, le nombre de choses qu'il demande, s'étonna Lisa.

Steph était la seule à tenter le D3. Lisa avait déjà passé les épreuves de D1, comme la majorité des élèves du club. Ses amies lui avaient pourtant affirmé qu'elle pouvait prétendre au D2. Mais, là encore, les choses viendraient en leur temps, tout comme posséder son propre cheval, quand elle se sentirait prête.

– Tu as le trac ? demanda-t-elle à Carole.

– C'est rien de le dire ! L'examen de C1 est un gros morceau. Mais vous m'avez bien aidée à le préparer.

– Tu plaisantes, fit Lisa. On a passé notre temps à t'interroger sur nos épreuves.

– Ça m'a rendu service. Je dois savoir vos programmes sur le bout des doigts… en plus du mien.

Carole trouvait amusant de penser qu'elle avait agi exactement comme son père. Elle avait révisé en instruisant ses amies. D'ailleurs, le colonel l'avait testée tous les soirs et, finalement, Carole s'était aperçue qu'il n'était pas si ignare que ça.

– Ça sera tout, Stéphanie, annonça enfin l'examinateur. Tu peux reconduire Comanche dans son box.

En passant devant ses amies, Steph fit mine de s'essuyer le front, comme quelqu'un qui revient de loin.

– Carole Hanson, pour l'épreuve de C1, lança l'examinateur.
– Un instant, cria Carole. Je resserre ma sangle, et j'arrive !
– Prends ton temps…, dit-il froidement.
Carole n'aima pas le ton de sa voix. Ça commençait mal…
L'heure des résultats sonna enfin ; Max réunit ses élèves dans son bureau. Lisa était confiante, elle avait largement le niveau. Pour Steph et Carole, en revanche, c'était l'instant crucial. Elles interrogèrent Max du regard, mais ce dernier resta de marbre.
Carole était nerveuse. Diablo avait refusé un obstacle ; et quand l'examinateur lui avait demandé où pondaient les parasites de surface, elle avait répondu bêtement : « Dans leur nid. » Elle s'était aussi trompée de sens en mettant à Diablo ses guêtres de protection. Elle était sûre d'avoir tout raté. Elle devrait attendre la prochaine session pour se rattraper. Carole repéra les flots* jaunes que

*Cocarde garnie de rubans qui récompense un cavalier et sa monture.

les cavaliers de niveau D accrocheraient au filet de leur cheval. Le sien aurait été vert, mais il n'y en avait pas sur le bureau.

– J'ai le plaisir de vous annoncer que tous les candidats de niveau D ont réussi leur examen de passage, annonça Max.

– Bravo, chuchota Carole. Je suis contente pour vous. Moi, j'ai visé un peu haut. Ça m'apprendra…

Max appela les candidats et remit son flot à chacun. Tout le monde s'empressa de l'accrocher, sauf Lisa et Steph. Carole s'émut de leur solidarité.

– Une seule personne a voulu tenter l'examen de C1, poursuivit Max. Et cette personne, vous le savez, est Carole Hanson.

Oh non ! Elle avait échoué, et Max allait la remettre à sa place devant tout le monde ! Elle aurait voulu disparaître dans un trou de souris.

– Cet examen est très difficile. Peu de cavaliers peuvent le tenter…

Et en plus, il remuait le couteau dans la plaie !

– Mais dans le cas de Carole, je suis ravi de vous annoncer qu'elle s'est montrée à la hauteur. Bravo, Carole, tu as mérité ton ruban vert !

Quoi ? Elle avait dû mal entendre. Steph et Lisa poussèrent un « hourra » tonitruant. Elle entendit à peine les applaudissements et se leva dans un état second.

– Mais... mais..., balbutia-t-elle, les parasites ne pondent tout de même pas dans un nid ?

– Non, bien sûr. Ils pondent dans les poils. Mais tu as eu le mérite de faire rire l'examinateur !

Elle prit son flot et retourna vers ses amies, encore sous le choc de la surprise.

– Il me reste un ruban à remettre, poursuivit Max. Ce n'est pas une récompense officielle, mais je tiens à la décerner au nom du club à un parent bénévole pour le travail exceptionnel qu'il a fourni ces dernières semaines. Tout le monde, je crois, sait de qui je parle.

Tous les regards se tournèrent vers Carole,

et le colonel Hanson s'avança dans la pièce, un peu embarrassé.

– Carole, dit Max en tendant à la jeune fille le flot jaune. Je te laisse l'honneur de récompenser ton père.

Carole avait souvent assisté à des remises de décorations chez les marines, elle savait comment faire. Tandis que le colonel se tenait au garde-à-vous, elle accrocha le ruban à sa boutonnière et le salua. Il répondit à son salut… avant de la serrer dans ses bras. Ce n'était pas dans le règlement, mais ils l'avaient tous deux bien mérité.

Carole regagna sa place.

– Rendez-vous chez Sweetie après ? murmura-t-elle.

Steph et Lisa approuvèrent. Le Club du Grand Galop devait célébrer son succès.

Max reprit la parole :

– Je terminerai cette réunion sur une note beaucoup moins plaisante, commença-t-il. Mais je dois en parler, car il s'agit d'une faute grave.

Les filles échangèrent un regard étonné. De quoi parlait-il ?

– Le week-end dernier, quelqu'un est parti en promenade en négligeant de refermer la porte du paddock. King, notre poulain, s'est échappé. Sans l'intervention de trois de nos membres, les conséquences auraient pu être dramatiques. Une telle négligence est impardonnable, et je me suis vu dans l'obligation d'exclure la coupable pendant un mois. Que cela serve de leçon à tous.

Des murmures s'élevèrent dans l'assemblée, chacun se demandant de qui il parlait. Les membres du Club du Grand Galop échangèrent un regard complice. Veronica avait bien mérité ce qui lui arrivait !

Steph se pencha alors vers ses amies et leur dit sur le ton de la confidence :

– Nous allons pouvoir porter quatre toasts chez Sweetie.

– Pourquoi quatre ?

– Un pour chacun de nos flots et le dernier à la santé de Veronica !

# 14

– Bien… je récapitule, soupira la nouvelle serveuse de chez Sweetie.

Lisa fit un gros effort pour ne pas pouffer de rire. Steph avait encore fait très fort !

– Pour vous, ce sont des profiteroles au chocolat…

Lisa hocha la tête.

– Et pour vous, une pêche Melba.

Carole approuva d'un sourire. La jeune femme se tourna alors vers Steph et la

regarda par-dessus ses lunettes.
– Et ici, nous avons une glace cola-citron-fruits de la passion avec des morceaux de nougat nappés de chocolat chaud.
– C'est bien ça. Et si vous pouviez ajouter un peu de chantilly et une cerise confite...
– Je ne sais pas..., murmura la serveuse, décontenancée. Je vais demander au chef.
Les filles attendirent qu'elle se soit éloignée pour éclater de rire.
– La pauvre ! commenta Carole.
– Elle est nouvelle, elle s'habituera, répondit Steph avec un clin d'œil.
Carole s'étira dans son siège et poussa un soupir satisfait.
– Hmm ! C'est incroyable ce que je me sens bien !
– Tu n'es pas la seule, approuva Steph.
– On a réussi toutes les trois, ajouta Lisa. C'est vraiment génial.
– Et Veronica a eu enfin ce qu'elle méritait, dit Carole.
– Ça lui servira de leçon, tu crois ? demanda Lisa.

Carole haussa les épaules :
– J'en doute. Elle est du genre à oublier vite, surtout ses erreurs.
– Nous, en tout cas, on retient tout quand il s'agit des chevaux, fit Lisa.
– Et des sciences ! ajouta Steph. Mon prof a été très satisfait par mon exposé… Sauf que j'avais commencé à arroser les autres pots. Ces pauvres radis avaient besoin d'eau comme moi j'ai besoin de…
– Voilà votre commande, l'interrompit la serveuse.
– … ma glace ! acheva Steph d'un air gourmand.
La jeune fille disparut avant même qu'elles aient pu la remercier.
– Elle voulait s'éloigner au plus vite de cette chose affreuse ! commenta Lisa en désignant la coupe de Steph.
Celle-ci goûta la mixture.
– Positivement délicieux ! apprécia-t-elle. On parlait de quoi, déjà ?
– De Veronica et de ses capacités à oublier, lui rappela Lisa.

– On s'en fiche, conclut Carole. Nous, on apprend et c'est le principal.

– C'est sûr ! dit Steph. Je n'ai jamais autant révisé que cette semaine. C'est incroyable, le nombre d'os qu'il y a dans le squelette d'un cheval !

– Et ce n'est rien ! s'esclaffa Carole. Attends d'apprendre les parasites de surface !

– Ceux qui pondent dans un nid ? intervint Lisa avec un sourire en coin.

– Exactement !

Les trois amies rirent de bon cœur.

– En tout cas, j'ai au moins appris une chose, dit Lisa en retrouvant son sérieux, c'est qu'il ne faut surtout pas avoir de secret pour ses meilleures amies.

– Eh oui ! Nous sommes comme les trois Mousquetaires : une pour toutes, et toutes pour une ! lança joyeusement Steph.

Lisa leva un sourcil.

– Tu peux répéter ça ?

– Bien sûr, fit Steph. Une pour toutes et…

Lisa donna un coup de coude à Carole.

– Profitons-en pour goûter son délicieux mélange !

Steph brandit sa cuiller d'un geste menaçant :

– Pas touche ! Club du Grand Galop ou pas, quand il s'agit de glaces, c'est chacune pour soi !

FIN

Vraiment passionnée par les chevaux ?
Et impatiente de retrouver le Club ?
Alors découvre vite
toutes les histoires de la série !

# GRAND GALOP

★★★

*Coche les titres que tu as déjà et mets-leur une note sur dix !*

615 AU GALOP SUR LA PLAGE ❑

Les vacances de Noël s'annoncent bien pour les amies du Club du Grand Galop, surtout pour Lisa, qui va passer une semaine de rêve sous les tropiques ! Mais les chevaux de l'île lui réservent quelques mauvaises surprises… Lisa parviendra-t-elle à s'en sortir, si loin de Steph et Carole ?

*Ma note :* /10

623 DES VACANCES MOUVEMENTÉES ❑

Carole est invitée pour les vacances en Floride, chez sa cousine. Là-bas, elle retrouvera toute sa famille et pourra se balader à cheval sur les plages ensoleillées, avec Sheila, elle aussi cavalière. C'est justement lors d'une de ces promenades que le drame se produit…

*Ma note :* /10

633 UN CADEAU INESPÉRÉ ❑

Steph est très attachée à Arizona, la jument que ses parents lui ont offerte. Mais voilà que Chelsea, une jeune cavalière, vient réclamer le cheval : il lui appartient, affirme-t-elle. Une enquête est ouverte, qui prouve qu'en effet, Arizona a été volée à Chelsea ! Steph sera-t-elle obligée de se séparer de sa jument ?

*Ma note :* /10

★★★

## 639 AU REVOIR, TORNADE ! ❑

Les parents de Veronica lui ont offert un magnifique pur-sang, Condor. Très fière de sa nouvelle monture, Veronica cherche à se débarrasser de Tornade. Steph, Carole et Lisa sont scandalisées : elles vont tout mettre en œuvre pour trouver à Tornade un maître digne de ce nom.

Ma note : /10

## 641 UN POULAIN INSOUMIS ❑

Carole, Steph et Lisa s'occupent de King depuis sa naissance. Mais le poulain du Pin creux doit absolument être dressé, sinon aucun cavalier ne pourra le monter. Le Club du Grand Galop prend cette mission très à cœur ; hélas, le poulain progresse bien lentement. Le temps presse : Max est sur le point de confier King à un dresseur professionnel…

Ma note : /10

## 642 UNE CAVALIÈRE PAS COMME LES AUTRES ❑

Carole, Steph et Lisa travaillent comme bénévoles avec Émilie, atteinte d'une maladie génétique. La jeune fille est obligée de marcher avec des béquilles, mais grâce à son cheval, spécialement entraîné pour elle, elle est tout à fait à l'aise en selle. Quand Max propose un concours du cavalier sachant le mieux maîtriser sa monture, le Club du Grand Galop n'hésite pas une seconde : Émilie doit y participer !

Ma note : /10

★★★

## 645 UNE BÊTISE DE TROP ❑

Cette fois, Steph a vraiment dépassé les bornes… Et ses parents sont intraitables : la voilà obligée de rester dans sa chambre pendant une semaine, avec interdiction totale de parler à ses amies. Mais surtout, elle ne pourra pas participer au camp équestre organisé par le Pin creux. Avec la complicité de Mme Reg, Carole et Lisa élaborent un plan pour libérer leur amie…

Ma note : /10

## 647 UNE COUSINE TROP PARFAITE ❑

Lisa reçoit la visite d'Amélia, sa cousine, pour une semaine de vacances. La petite fille est une enfant gâtée et capricieuse qui en fait voir de toutes les couleurs à Lisa et ses amies. Responsable d'un incident au Pin creux, elle accuse Carole auprès de Max. Le Club du Grand Galop, scandalisé, est bien décidé à lui donner une bonne leçon !

Ma note : /10

## 649 UNE RIVALE AU PIN CREUX ❑

Andrea, l'excellente cavalière qui vient d'arriver au Pin creux, fait l'unanimité au centre. Steph et Lisa sont sous le charme. Seule Carole la trouve agaçante : cette Andrea lui fait de l'ombre. Comment rivaliser avec elle ? Elle se met vite à la détester ; pourtant, Andrea a un secret qui pourrait bien les rapprocher…

Ma note : /10

# GRAND GALOP

601. Les trois font la paire
602. Il faut sauver le club !
603. Une Étoile pour le club
604. En vacances au ranch
605. Tricheries au club !
606. Pour l'amour d'un cheval
607. Un cheval pour pleurer
608. Une naissance au club
610. Aventures au Far West
611. Un concours à New York
613. Un poulain en danger
615. Au galop sur la plage
623. Des vacances mouvementées
629. Une leçon d'amitié
633. Un cadeau inespéré
639. Au revoir, Tornade !
641. Un poulain insoumis
642. Une cavalière pas comme les autres
645. Une bêtise de trop
647. Une cousine trop parfaite
649. Une rivale au Pin creux
650. En route pour le camp !
655. Nuit d'angoisse à l'écurie
656. Un invité au club
657. Une jument trop sauvage
659. Lisa en danger !
661. Intrigues au Pin creux
662. Le Club prend sa revanche
664. Un pari dangereux
665. Un voleur au club
666. Un cheval capricieux
667. Le choix de Carole
668. Un futur champion
669. L'exploit de Lisa
670. Une amazone au Pin creux
671. La bonne étoile de Carole
672. Un duo de choc
673. Mission à Hollywood
674. Un cheval de prix
675. Un cavalier pour Lisa
676. Une princesse au Pin creux
677. Sabots dans la nuit
678. Un cavalier hors pair
679. Carole à l'épreuve
680. Balade à haut risque
681. Lisa et le cheval abandonné
682. Le film de Steph
683. Un défi à la vie
684. Alerte au Pin creux
685. Les Confessions de Steph
686. Le Club joue au Père-Noël

*Hors-série*
Passion cheval

*Impression réalisée sur CAMERON par*

CPI
Brodard & Taupin
*La Flèche*
*en mars 2008*

*Imprimé en France*
N° d'impression : 46137